长江经济带绿色创新发展指数报告
（2021）

庄毓敏　等编著

中国财富出版社有限公司

图书在版编目（CIP）数据

长江经济带绿色创新发展指数报告.2021／庄毓敏等编著.—北京：中国财富出版社有限公司，2022.12

ISBN 978－7－5047－7888－8

Ⅰ.①长… Ⅱ.①庄… Ⅲ.①长江经济带—区域经济发展—研究报告—2021 Ⅳ.①F127.5

中国版本图书馆 CIP 数据核字（2022）第 254263 号

策划编辑 李彩琴	**责任编辑** 张红燕 孟 婷	**版权编辑** 李 洋
责任印制 梁 凡	**责任校对** 杨小静	**责任发行** 董 倩

出版发行 中国财富出版社有限公司

社　　址	北京市丰台区南四环西路 188 号 5 区 20 楼	**邮政编码**	100070
电　　话	010－52227588 转 2098（发行部）	010－52227588 转 321（总编室）
	010－52227566（24 小时读者服务）	010－52227588 转 305（质检部）
网　　址	http://www.cfpress.com.cn	**排　　版**	宝蕾元
经　　销	新华书店	**印　　刷**	北京九州迅驰传媒文化有限公司
书　　号	ISBN 978－7－5047－7888－8/F·3570		
开　　本	710mm×1000mm　1/16	**版　　次**	2023 年 9 月第 1 版
印　　张	11	**印　　次**	2023 年 9 月第 1 次印刷
字　　数	174 千字	**定　　价**	88.00 元

编 委 会

前　言

推动长江经济带高质量发展是党中央作出的重大决策，是关系国家发展全局的重大战略。长江经济带覆盖沿江 11 省市，横跨我国东中西三大板块，人口规模和经济总量占据全国"半壁江山"，生态地位突出，发展潜力巨大。习近平总书记强调要坚定不移贯彻创新、协调、绿色、开放、共享的新发展理念。要推动长江经济带高质量发展，使其成为我国生态优先绿色发展主战场、畅通国内国际双循环主动脉、引领经济高质量发展主力军。深入贯彻落实习近平生态文明思想和对长江经济带发展的系列重要指示精神，紧密围绕"以绿色带动创新，以创新促进绿色"的理念，强调绿色发展与创新发展的融合关系，本报告系统分析、综合评价长江经济带 110 个城市绿色创新发展现状及竞争力。通过对比分析各城市绿色创新发展政策与实践，科学构建多维度指标评价体系，动态反映各城市在绿色创新投入、绿色创新产出方面取得的成效，综合衡量长江经济带 110 个城市的绿色创新发展水平。本报告的研究成果有利于长江经济带各城市更好地为绿色创新发展质量把脉，对标先进城市，见贤思齐，为长江经济带全流域绿色创新发展提供准确数据参考和科学决策依据。

本报告从绿色、创新概念和基础理论出发，阐述了构建指数的理论框架、基本原则和方法。通过归纳总结国内外相关指数的编制经验，遵循科学性、系统性、可比性原则选取指标，运用"投入—产出"分析框架，从绿色创新投入和绿色创新产出两大维度构建指标评价体系，全面评价长江经济带城市的创新驱动和绿色发展情况。其中，绿色创新投入维度包含创新制度、研发投入、创新基础、创新转化 4 个二级指标，绿色创新产出维度包含创造产出、绿色经济、生态环境、健康生活 4 个二级指标。运用二阶验证性因子分析模型，基于标准化因子载荷计算指标权数，通过科学的指数编制方法，测算出2017—2019年长江经济带110个城市的绿色创新发展指数。

与其他指数相比，本指数有四大创新和亮点：一是在每一个维度、每一个二级指标设计中将创新驱动和绿色发展深度融合；二是在绿色创新投入指数中引入了创新转化指标，突出创新驱动的成效；三是绿色创新产出指数下的4个二级指标在逻辑上层层递进，体现了绿色创新发展的协同性；四是多层次展现各城市绿色创新发展水平，方便不同区位、不同规模的城市相互学习和比较。报告除了对长江经济带110个城市进行整体比较分析外，还从长江上中下游以及城市性质两个维度，分组对比与分析。总之，本报告可为新时期长江经济带高质量发展提供一个新的抓手，为政府绩效考核提供一个新的评价指标，同时对各城市的债务评级提供新的参考工具，具有较高的实用价值。

根据长江经济带绿色创新发展指数（本报告中简称绿色创新发展指数）测算，2017—2019年上海稳居长江经济带绿色创新发展榜首，南京、杭州、成都、武汉、苏州、长沙、合肥、宁波8个城市稳居长江经济带十强，镇江作为绿色创新发展的后起之秀，2019年其总指数大幅提升，跻身十强。按照长江上中下游城市来划分，33个上游城市各年度十强的排名大致稳定，成都绿色创新发展走在最前列，重庆、昆明、贵阳、绵阳、泸州、雅安、遵义、宜宾稳居前十；中游的36个城市中，武汉稳居第一，长沙、南昌、株洲、湘潭、十堰、宜昌稳居前十；41个下游城市各年度十强排名较为稳定，上海以高分问鼎，随后是南京、杭州、苏州、合肥、宁波、无锡、绍兴。根据城市性质进行分组的结果来看，直辖市及省会（含副省级）城市各年度排名基本稳定，上海持续强势霸榜；其他城市各年度排名波动较大，苏州连续三年稳居其首。报告还从8个子指标维度，分别介绍了排名前十城市的先进经验，以便对标先进城市，见贤思齐。报告针对长江经济带各城市在绿色创新投入产出中存在的共性问题和突出短板，提出了政策引领、科技赋能、立足创新、统筹兼顾等方面的政策建议。

庄毓敏

2022 年 1 月

目　录

引　言

改革开放至今，我国依靠要素投入驱动使得经济实力和综合国力得到了快速提升，但进入 21 世纪的第二个十年，伴随着第四次科技革命的深入，依赖要素投入的传统增长模式已经难以为继，要实现经济可持续增长，就必须加速经济增长动力转型和升级。从生产率和增长动力角度来看，创新经济相比传统规模经济优势显著，以技术创新为核心的科技创新不仅是科研进步、企业发展与经济增长的关键因素，更是我国调整产业结构、推动供给侧结构性改革、转变经济发展方式的新动能，是解决当前经济发展矛盾和提高综合国力的关键。因此，我国大力推动科技强国战略，高度重视创新技术的发展。正如习近平总书记所说："坚持创新发展，就是要把创新摆在国家发展全局的核心位置，让创新贯穿国家一切工作，让创新在全社会蔚然成风。"

种种研究表明，粗放式发展导致的环境污染和生态破坏反过来也阻碍着经济的可持续发展。只有大力推进绿色低碳发展，才能确保中华民族的繁荣昌盛。习近平总书记把经济发展与生态环境保护的关系形象地比喻为"金山银山"和"绿水青山"的关系，指出人与自然的和谐、经济与社会的和谐就是既要金山银山，又要绿水青山；绿水青山就是金山银山。自党的十八大以来，我国牢固树立了保护生态环境就是保护生产力、改善生态环境就是发展生产力的绿色发展新理念，高度重视绿色规划、绿色生产和消费。

科技创新是经济社会发展的动力和灵魂，绿色发展理念蕴含了当今社会对资源节约与环境友好的要求，坚持绿色发展、创新驱动已成为经济下行和应对气候变化背景下促进我国高质量发展的必然要求。长江经济带的经济、地理地位非常重要，习近平总书记多次强调，推动长江经济带发展必须从中华民族长远利益考虑，走生态优先、绿色发展之路；要以壮士断腕、刮骨疗伤的决心，积极稳妥腾退化解旧动能，破除无效供给，彻底摒弃以投资和要素投入为主导的老路，为新动能发展创造条件、留出空间，实现腾笼换鸟、凤凰涅槃。《长江经济带发展规划纲要》也明确提出，长江经济带建设要在保护生态的条件下推进发展，实现经济发展与资源环境相适应，走出一条绿色低碳循环发展的道路。如何综合反映长江经济带的绿色创新发展水平？如何发现长江经济带绿色创新发展中存在的问题，为政府锻长板、补短板提供简便可行的手段？这都是当前亟待解决的问题。本报告试图进行理论探索和创新，为解决这两个重要问题提供思路和答案，为推动长江经济带高质量发展尽绵薄之力。

1 绿色创新发展指数概况

绿色创新发展指数由 2 个一级指标（子指数）、8 个二级指标和 25 个三级指标构成，全面评价了长江经济带 110 个城市的创新驱动和绿色发展情况。

1.1 长江经济带城市整体分析

推动长江经济带高质量发展是党中央作出的重大决策，是关系国家发展全局的重大战略。长江经济带覆盖沿江 11 省市，横跨我国东中西三大板块，人口规模和经济总量占据全国"半壁江山"，生态地位突出，发展潜力巨大。习近平总书记强调，要坚定不移贯彻创新、协调、绿色、开放、共享的新发展理念，推动长江经济带高质量发展，使长江经济带成为我国生态优先绿色发展主战场、畅通国内国际双循环主动脉、引领经济高质量发展主力军。深入贯彻落实习近平生态文明思想和对长江经济带发展的系列重要指示精神，紧密围绕"以绿色带动创新，以创新促进绿色"的理念，强调绿色发展与创新发展的融合关系，本报告系统分析了长江经济带 110 个城市绿色创新发展竞争力，对比分析各城市绿色创新发展政策与实践，通过科学构建指标评价体系及分析各级指标数据，动态反映出各城市在污染治理、生态修复、绿色创新融合发展等方面取得的成效，科学衡量长江经济带 110 个城市的绿色创新发展水平。

总体来看，十强城市各年度的排名基本稳定（见图 1－1），但从总指数得分和子指数动态发展来看，一些城市绿色创新驱动更强劲、绿色发展成效更显著。具体体现为以下方面。

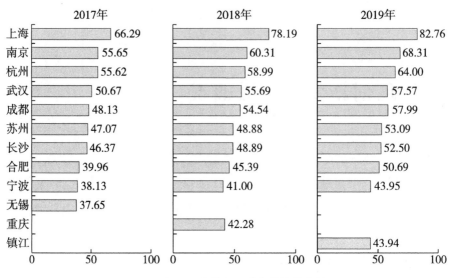

图1-1　长江经济带十强城市整体排名情况

1.1.1　三年来上海以高分蝉联冠军，领先地位不断加强，创新驱动实现多点突破，绿色发展成绩亮眼

2017—2019年，上海创新制度和创新转化指标始终排名第一，领先优势明显。一方面，上海高度重视绿色创新制度宣传，并注重加大政策支持力度；另一方面，通过相关制度体系设计，积极推动建设有全球影响力的创新中心。近年来，上海一直积极创新"绿动力"，激活"绿动能"，以绿色创新驱动为抓手，增势厚植"绿色发展"底色，采取很多政策措施促进绿色低碳发展，在长江经济带绿色发展中起到很好的示范作用，值得其他城市学习借鉴。

1.1.2　南京、杭州、武汉、成都坚持创新引领，积极探索具有城市特色的绿色发展之路，成效明显

近三年来，南京和杭州在总指数排名中分别稳居第二位、第三位，两个城市各有所长。南京创造产出指标一直强势领先，用产业的思维抓创新，助力科技自立自强。杭州将健康产业打造为千亿级产业，健康生活指标一直稳

居榜首。成都于 2019 年超过武汉，排名第四位，其生态环境指标排名在三年间进步 13 名，取得扎实成效。武汉三年来创新基础指标一直保持领先，新基建和传统基建统筹推进，为创新奠定坚实基础。

1.1.3 苏州、长沙、合肥、宁波排名稳定，探索出适合自己的绿色低碳发展之路，城市绿色创新发展稳步前进

苏州创新转化指标连续三年位列第二，致力于建设一流水平的研发机构，并注重成果转化激励，积极打造产业科技创新高地。长沙绿色创新投入和产出得分均衡，创新基础指标比较突出；合肥绿色创新产出指数排名三年间从第 19 名上升为第 9 名，进步明显，绿色发展成效显著；宁波各指标排名变化不大，存在较大进步空间，需要结合城市发展特点在提高绿色创新投入和产出水平上继续发力。

1.1.4 无锡、重庆排名波动，需要继续补弱项固优势；镇江绿色创新发展阔步向前

无锡和重庆分别于 2018 年和 2019 年被挤出十强，两个城市的绿色创新产出指数排名均出现了明显的后退，需要聚焦短板、精准发力，以全面提高绿色创新发展水平。镇江是绿色创新发展的后起之秀，绿色创新产出水平大幅提升，带动其总指数由 2017 年的 33.04 提升到 2019 年的 43.94，2019 年首次跻身十强，成为长江经济带绿色创新发展新标杆。

1.2 上中下游城市分析

长江经济带 110 个城市中，33 个位于长江上游地区、36 个位于长江中游地区、41 个位于长江下游地区。由于在自然资源、对外交通联系、科技教育水平、经济发展水平等方面均存在较大差异，上中下游城市创新驱动绿色发展的方式各有千秋。分流域考察绿色创新发展情况，可以更加深入地了解各流域绿色创新发展的水平和特点，有利于各城市之间互相学习与借鉴，以绿

色引领为帆，化创新驱动为桨，促进长江经济带高质量发展。

1.2.1 长江上游地区

2017—2019 年，成都在长江经济带上游 33 个城市中，绿色创新发展稳居榜首，其他城市与其差距逐渐加大，其在创新基础、创新转化、创造产出、健康生活指标中，都存在显著领先优势。重庆、昆明、贵阳、绵阳、泸州、雅安、遵义和宜宾 8 个城市稳居长江经济带上游城市的十强，绿色创新发展稳步向前。攀枝花、乐山分别于 2018 年和 2019 年被挤出长江经济带上游城市十强；自贡健康生活指标进步明显，2019 年首次进入十强之列（见图 1-2）。

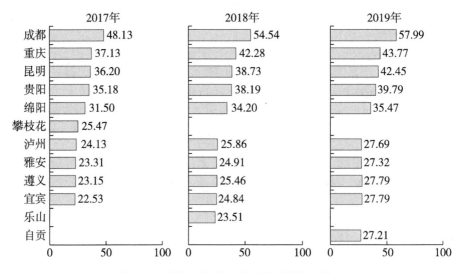

图 1-2　长江经济带上游城市十强排名情况

1.2.2 长江中游地区

2017—2019 年，武汉在长江经济带中游 36 个城市中，绿色创新发展稳居榜首，其创新制度、创新基础、创新转化以及创造产出指标在中游地区均处于领先地位。长沙、南昌、株洲、湘潭、十堰和宜昌 6 个城市绿色创新发展步伐较稳，一直在中游地区保持前十，但排名有所变动。新余、岳阳 2018 年跌出十强；衡阳在 2018 年被挤出十强后，于 2019 年再次跻身十强，这主要得益于其积极打造绿色供应链，促进产业结构、能源结构、消费结构进一步低碳化，绿色经济指标排名在 2019 年得以逆转跌势。怀化、常德、益阳绿色创新发展指数上升，2018 年均首次进入十强，其中怀化、益阳绿色创新发展保持稳定，2018 年、2019 年持续居于十强之列（见图 1 - 3）。

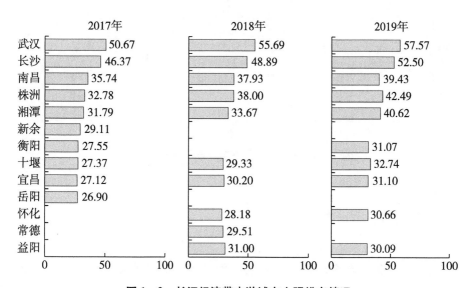

图 1 - 3　长江经济带中游城市十强排名情况

1.2.3　长江下游地区

2017—2019 年，上海在长江经济带下游 41 个城市中，绿色创新投入和产出指数都遥遥领先，优势明显。南京、杭州、苏州、合肥、宁波、无锡和绍兴 7 个城市稳居十强，绿色创新投入和产出方面各有所长。南京创造产出指标居于首位；杭州长期坚持"大健康治理"的理念，在健康生活领域始终走在最前列；苏州致力于打造具有全球影响力的产业科技创新高地，创新转化水平稳居前列。舟山、常州分别于 2018 年和 2019 年退出前十；温州 2018 年挤入十强后又退出，其绿色创新产出指数排名不稳定。镇江和扬州于 2019 年在绿色经济指标排名中包揽冠、亚军，并拉动总指数于该年挤进十强，成为下游地区新的先锋城市（见图 1 - 4）。

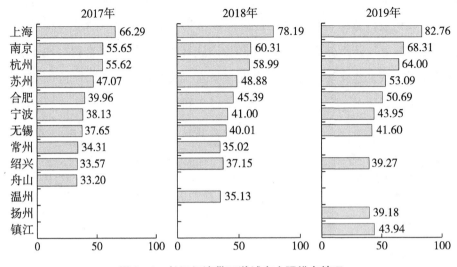

图1-4　长江经济带下游城市十强排名情况

1.3　按城市性质分类分析

长江经济带110个城市中，包含上海、重庆2个直辖市，武汉、长沙、成都、杭州、宁波、南京、贵阳、昆明、南昌、合肥10个省会（含副省级）城市，以及98个其他城市。城市性质不同，其城市能级也存在很大差异。按照城市性质划分，进一步分析对比各城市绿色创新发展情况，可以更加深入地了解不同城市绿色创新发展的水平和特点，有利于各城市之间互相学习与参考借鉴发展经验，以制定可以落地的政策措施，探索一条适合自身的绿色创新发展之路。

1.3.1　直辖市和省会（含副省级）城市

直辖市和省会（含副省级）城市各年度的排名基本稳定（见图1-5），上海持续强势霸榜。上海是长江三角洲世界级城市群的核心城市，具备强大的组织优势和战略地位，近年来一直勇做科技和产业创新开路先锋，开创绿色发展新境界，绿色创新发展指数得分的领先优势持续扩大。其余11个直辖市和省会（含副省级）城市排名基本稳定，波动较小。其中，南京总指数在2019年有较大幅度的提升，逐渐拉大对杭州的领先优势，三年来创造产出指标排名蝉联第一，创新制度、创新基础、创新转化以及健康生活指标排名于2019年均跻身前三，其总指数在三年间以较大优势稳居第二位，交出了亮丽的成绩单。

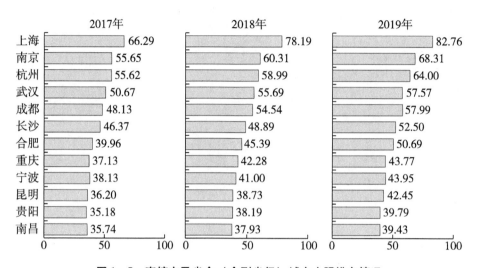

图 1-5 直辖市及省会（含副省级）城市十强排名情况

1.3.2 其他城市

在98个其他城市中（见图1-6），苏州连续三年排名第一，绿色创新发展始终走在最前列，其余十强城市有较大波动。苏州不仅注重弥补在绿色经济、生态环境、健康生活领域的短板，并且筑牢在创新制度和创新转化领域的优势，投入和产出指数都呈稳步提升趋势。无锡、株洲、绍兴、常州、镇江和湘潭6个城市稳居十强，排名有所波动。温州、绵阳于2018年挤进十强，但绵阳因绿色创新投入水平有所下滑，2019年又被挤出；芜湖和舟山分别在2017年、2018年后从十强名单中消失。扬州2019年绿色经济发展较快，进入十强名单；泰州2018年因绿色创新产出指数排名下降明显被挤出榜单，2019年绿色经济、健康生活和生态环境指标排名均有进步，助力其再次进入十强。

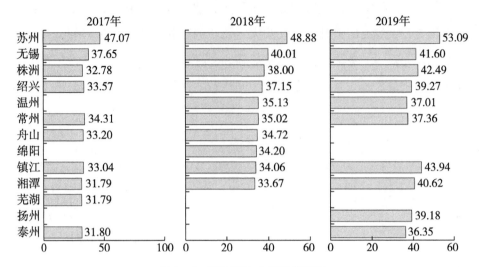

图1-6 其他城市十强排名情况

2 绿色创新发展指数结构分析

2.1 绿色创新投入指数

实现高质量发展，将以往以要素投入为主的模式转变为创新驱动、绿色发展的模式，必然需要在多方面进行变革和投入，与其相关的指标便在绿色创新投入指数中予以涵盖。绿色创新投入指数主要反映不同城市为了达成绿色创新的转型、实现经济高质量发展所必需的制度、资金、人力资本、基础设施、信息服务等方面基础支撑和必要投入情况，主要包含创新制度、研发投入、创新基础、创新转化 4 个指标。2019 年绿色创新投入指数排名前十的城市分别为上海、南京、苏州、武汉、杭州、成都、长沙、合肥、重庆、昆明（见图 2-1）。

2.1.1 上海在绿色创新投入指数排名中以 91.21 拔得头筹，创新制度和创新转化领先优势十分突出

近年来，上海注重绿色创新制度的宣传和报道，政府积极制定各项创新制度，不断发力；此外通过相关制度设计，增强科技成果转移转化主体的内生动力，并积极建立开放共享的科技成果信息库、建设科技成果转移转化服务体系，成为绿色创新投入高地。南京近年来绿色创新制度宣传到位，并以传统基建丰富新基建应用场景，提升基础设施整体水平，具备扎实的创新基础。同时，南京着重推进各类平台专业化建设，将千年古都打造为创新名城，在创新转化指标评分中取得了不俗的成绩。

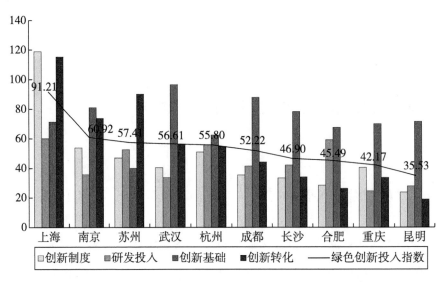

图 2 - 1　2019 年长江经济带城市绿色创新投入指数十强情况

2.1.2　苏州、武汉、杭州、成都绿色创新投入水平接近，每个城市的绿色创新发展各有千秋

苏州多管齐下，全力打造具有全球影响力的产业科技创新高地，在创新转化指标排名中位列第二，优势明显。武汉创新基础指标以 96.34 问鼎，政府注重城市基础设施提档升级，并统筹推进新基建和传统基建，健全现代化基础设施体系，厚植基础设施建设"沃土"。杭州在绿色创新制度的提出、宣传和实施中有较好的经验。成都加速推进新型基础设施布局建设，有效支撑了经济的高质量发展。

2.1.3　长沙、合肥、重庆和昆明注重夯实高质量发展根基，在创新基础指标排名中位居前十

四个城市统筹推进基础设施建设，加快打造系统完备、高效实用、智能绿色、安全可靠的现代化基础设施体系，为绿色创新发展夯实基础。此外，合肥研发投入指标在长江经济带城市中排名第四，这主要源于其充分发挥资金和人才禀赋，并在创新经费投入上具有明显优势。

2.2 绿色创新产出指数

实现高质量发展，将以往以要素投入为主的模式转变为创新驱动、绿色发展的模式，最为核心的就是要看经济发展、企业生产、人民生活的相关指标是否满足绿色创新的内涵，相关的指标就体现在绿色创新产出指数之中。绿色创新产出指数主要反映不同城市在经济社会发展过程中体现出来的可持续发展、绿色生产、低碳生活等方面的效率改进和创新成果，主要包含创造产出、绿色经济、生态环境、健康生活 4 个指标。2019 年绿色创新产出指数排名前十的城市分别为南京、上海、杭州、镇江、成都、武汉、长沙、扬州、合肥、温州（见图 2 – 2）。

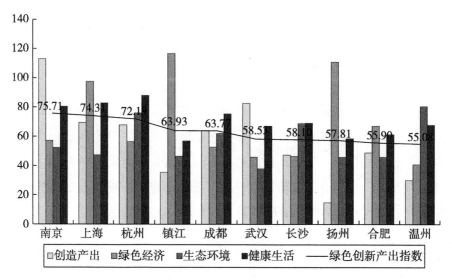

图 2 – 2　2019 年长江经济带城市绿色创新产出指数十强情况

2.2.1　南京、上海和杭州在绿色创新产出指数排名中位居前三名

南京创造产出指标排名位居长江经济带 110 个城市之首，用产业的思维抓创新，创新链深度融合产业链，把科技成果转化为一个个具体的增长点，助力科技自立自强。上海是具有全球影响力的国际金融中心，注重引导各类

创新主体加强协同创新，创造产出取得不俗的成绩；此外，上海已基本实现了传统高污染产业的替代和转移，节能降耗工作进展良好，经济绿色发展水平较高。杭州将健康产业打造为千亿级产业，其健康生活指标在长江经济带城市中强势领先；此外，杭州加大对科技型企业的培育力度，完善创新创业服务体系，提升创新环境，创造产出能力位居前列。

2.2.2 镇江和成都的绿色创新产出指数相近，但优势指标各不相同

镇江绿色经济指标居长江经济带城市之首，首创以碳平台为基础，以碳峰值、碳考核、碳评估和碳资产管理（"四碳"）为核心的低碳城市管理体系，制定明确的管理策略，构建生态循环农业模式。成都私立医疗水平位居全国榜首，大力投入医疗卫生事业，并实现了"厂网河"一体化综合治理，以及"供排净治"一体化闭环管理，因而健康生活指标排名位居前列。

2.2.3 武汉、长沙、扬州、合肥、温州绿色创新产出各具特色，子指标得分情况不尽相同

武汉在创造产出指标排名中位列第二，领先优势更为突出。武汉科教资源丰富、创新禀赋优越，积极推进研究院建设，并遵循"科学＋科学家＋创新生态"的核心内涵，创造产出成绩亮眼。扬州保护与发展并重，积极打造生态宜居城市，并结合其优势旅游资源，重点培育现代服务业，促进产业集群化发展，其在绿色经济领域优势突出，排名仅位于镇江之后。

3 长江经济带城市先进经验借鉴[①]

3.1 创新制度发展经验

2019 年，根据创新制度指标的评价结果，上海、南京、杭州、苏州、武汉、重庆、无锡、宁波、成都、长沙位列前十。

3.1.1 上海：重视绿色创新制度宣传和报道，以绝对优势高居榜首，各项指标发展均衡

上海在创新制度方面以绝对优势高居榜首。在创新制度的评价体系中，上海凭借 118.98 的绝对优势高居榜首，连续三年保持其领先优势。

重视绿色创新制度的宣传和报道。上海本地较为重视对于绿色创新制度的宣传和报道，在"党政机关报和政府门户网站中相关关键词的出现频率"这个三级指标上表现亮眼，同时在"中国最具影响力的综合报纸对当地发展经验的报道频率"指标上也具有较大优势，两者相互促进，使得上海的绿色创新经验被全国了解。这和上海本地作出的各项举措和行动计划是分不开的。如 2018 年 5 月 28 日，《上海市人民政府办公厅关于印发〈上海市都市现代绿色农业发展三年行动计划（2018—2020 年）〉的通知》，要求坚持以制度创新、政策创新、科技创新为基本动力，构建以资源管控、环境监控和产业准入负面清单为主要内容的农业绿色发展制度体系；又如 2020 年 6 月 30 日，在新冠肺炎疫情进入常态化防控阶段后，上海市生态环境局还印发了《关于在

[①] 本报告中政策文件等都选用其成文时间。

常态化疫情防控中进一步创新生态环保举措更大力度支持经济高质量发展的若干措施》，文件指出希望大力发展环保产业，同时加大政策支持力度，加强科技创新支撑，加强对环保企业申请战略性新兴产业发展专项资金等的扶持，帮助企业更好地进行绿色创新。

上海人口较多，居民消费水平较高。上海的"人均GDP"三级指标位列第四，和其他城市或地区相比也有较大优势。上海人口较多，使用人均指标仍然能够保持较大优势，说明上海居民消费水平较高，需求旺盛，创造了较好的营商环境，有助于制度的创新和社会的发展。

3.1.2 南京：绿色创新制度宣传工作较为到位，且具有区位优势，居民消费意愿高

南京具有区位优势，居民消费意愿高。南京的"人均GDP"三级指标位列全部城市第三，仅落后于同省的无锡和苏州，这说明江苏的经济发展较为平衡。同时，南京居民的消费量非常高，因为南京拥有独特的区位优势，除了能够吸引苏中、苏北的一些城市，还能够吸引安徽滁州、马鞍山、蚌埠等城市，这为南京经济的发展提供了更广阔的空间，也为南京创造了较好的营商环境。

南京的绿色创新制度宣传工作较为到位。南京在"党政机关报和政府门户网站中相关关键词的出现频率"和"中国最具影响力的综合报纸对当地发展经验的报道频率"2个三级指标中分别居第三位和第四位，和其他城市相比有较大优势。南京市人民政府也较为关注绿色创新相关制度的提出，比如2020年1月19日南京江北新区政银企迎春座谈会上，《南京江北新区关于进一步深化绿色金融 创新促进绿色产业高质量发展的实施意见（试行）》正式出台，新区计划用3～5年，通过每年配置一定额度的财政专项资金，推动绿色信贷增量占各项贷款增量的比重逐年提高；绿色产业的经济效益、社会效益、生态效益显著增强，将该地区建设成为具有国际影响力的自主创新先导区、现代产业示范区和对外开放合作重要平台。

3.1.3 杭州：在绿色创新制度的宣传上有较好经验，经济发达

在绿色创新制度的提出、宣传和实施中有较好的经验。杭州在"党政机关报和政府门户网站中相关关键词的出现频率"和"中国最具影响力的综合报纸对当地发展经验的报道频率"2个三级指标中分别列第四位和第二位，在绿色创新制度的提出、宣传和实施中有较好的经验。以杭州市人民政府提供的各项工作通知为例：2017年11月10日，《杭州市人民政府办公厅关于推进绿色建筑和建筑工业化发展的实施意见》中指出，要围绕绿色建筑能效提升，规范建筑绿色设计、绿色施工、竣工能效测评等，显著提升绿色建筑能效水平，提高绿色建筑发展质量；2018年12月14日，《中共杭州市委 杭州市人民政府关于实施创新驱动战略 加快新旧动能转换 推动制造业高质量发展的若干意见》中指出，要积极培育发展未来产业，以科技创新为驱动力，积极抢占新经济制高点，加快科技创新及成果转化；2020年6月2日，《中共杭州市委 杭州市人民政府关于印发〈新时代美丽杭州建设实施纲要（2020—2035年）〉的通知》中指出，杭州在完成建设目标过程中必须要做到改革创新，不断完善和创新美丽杭州建设体制机制。

经济发达，具有良好的营商环境。杭州作为浙江的省会城市，资源和经济都有较强的优势，人口的流入也使得杭州的科技创新和电商发展居于全国前列。

3.1.4 苏州：产业结构特别，在建立绿色城市和创新制度方面作出了切实的努力

产业结构特别，经济发展名列前茅。苏州的"人均GDP"位居所有城市第二位，有非常大的优势，仅落后于无锡。相较于其他城市，苏州的产业结构较为特别。作为一个以工业为主的城市，苏州拥有大量的工厂及数量庞大的产业工人，劳动力的供给与苏州的城市需求相匹配，使得苏州的经济发展在近些年位于全国前列。

在建立绿色城市和创新制度方面作出了切实的努力。苏州在"党政机关

报和政府门户网站中相关关键词的出现频率"和"中国最具影响力的综合报纸对当地发展经验的报道频率" 2 个三级指标中分别居第七位和第五位，在所有城市中也具有比较优势，苏州市人民政府在建立绿色城市和创新制度方面作出了切实的努力。以苏州和国家政府部门发布的各项通知为例：2019 年 3 月 24 日，苏州工业园区管理委员会印发《苏州工业园区绿色发展专项引导资金管理办法》，引导资金使用向绿色发展能力建设项目和绿色发展重点扶持项目倾斜，扩大"绿色智造贷"支持项目覆盖面；2019 年 10 月 26 日，国家发展改革委的《长三角生态绿色一体化发展示范区总体方案》显示，包括上海青浦区、苏州吴江区、嘉兴嘉善县在内的面积约 2300 平方千米的"两区一县"将共同推进一体化示范区建设；2021 年 9 月，苏州印发《关于苏州市绿色低碳金融改革创新工作的意见》，首次就金融支持苏州绿色低碳转型发展提出系统方案，将坚持自主创新和引入专业资源相结合，提高金融支持绿色低碳转型发展的基础能力。

3.1.5 武汉：全省的单核心，在绿色创新制度方面具有较多经验

武汉是湖北唯一的核心。武汉在"人均 GDP"指标中有较好的表现，在全部城市中位居第七位，在内陆城市中表现优异，这在一定程度上与省会城市及和周边地区的紧密度相关。武汉是湖北唯一的核心，没有与其他城市进行竞争的压力，又处于中部商业程度欠发达的区域，甚至信阳等一些外省城市也会经常来武汉购物或者批发商品。这使得武汉的营商环境在全国范围内排名较高，适合创新制度的提出和落实。

在绿色创新制度方面具有较多经验。武汉在"党政机关报和政府门户网站中相关关键词的出现频率"和"中国最具影响力的综合报纸对当地发展经验的报道频率" 2 个三级指标中分别居第六位和第七位，武汉作为长江经济带上的重要城市，在绿色创新制度方面具有较多经验。2016 年武汉的政府工作报告便指出，武汉突出创新引领、动力转换，推进国家创新型城市建设，新建工程技术中心、企业研发中心等各类科技创新平台 139 个，新引进世界 500 强、中国 500 强和跨国公司研发机构 23 个，引进海内外高层次创新人才

390 名。2018 年 5 月，推动长江经济带发展领导小组召开会议，明确湖北武汉为长江经济带绿色发展示范区首批创建城市。经过两年时间，武汉在绿色发展方面取得丰硕成果。2020 年 6 月，武汉在加强规划管控、生态保护修复、绿色产业发展和体制机制创新等方面的做法，获得推动长江经济带发展领导小组办公室的肯定，并向全国推介。可以说，武汉绿色发展经验对于南京加快推进长江经济带绿色发展示范区建设具有重要的借鉴意义。

3.1.6　重庆：致力于制度宣传，并尝试在某些领域进行制度创新

在绿色创新方面作出较大努力，有较强的制度创新。重庆主要是在"党政机关报和政府门户网站中相关关键词的出现频率"和"中国最具影响力的综合报纸对当地发展经验的报道频率"这 2 个三级指标中表现亮眼，分别居第二位和第三位，与其他城市相比优势较为明显。重庆在绿色创新方面作出了比较大的努力。2016 年 10 月，重庆市教育委员会按照中共重庆市委四届九次全会精神，完善系列配套政策，为实施创新驱动战略营造良好环境，加快创新人才培养，提高创新人才培养质量。2018 年 6 月，重庆出台《重庆市实施生态优先绿色发展行动计划（2018—2020 年）》，该行动计划聚焦推动解决长江经济带发展的突出问题，深化生态文明体制改革，加快构建生态文明体系，用严格的制度保护生态环境。为持续提升绿色金融发展质量，深化绿色金融体制机制改革，2020 年 1 月，中国人民银行重庆营业管理部（以下简称人行重庆营管部）上报创建"长江经济带（重庆）绿色金融改革创新试验区"，助力重庆建设"山清水秀美丽之地"，在完善绿色金融基础设施方面，人行重庆营管部自主开发了"长江绿融通"绿色金融大数据综合服务系统。2020 年 9 月，中共重庆市委办公厅、重庆市人民政府办公厅印发了《重庆市构建现代环境治理体系实施方案》，提出创建重庆市绿色金融改革创新试验区，发挥绿色基金服务作用，落实国家绿色债券标准，发行绿色债券募集资金积极支持符合条件的绿色产业项目。重庆在环境保护和绿色金融方面有较强的制度创新，所提出的方案也可以被其他城市所借鉴。

3.1.7 无锡：经济运行平稳向好，优质的营商环境促进绿色制度的创新和发展

经济运行平稳，营商环境优质。无锡在"人均 GDP"指标中居于全国首位，力压上海等一线城市。"人均 GDP"作为发展经济学中衡量经济发展状况的指标，是人们了解和把握一个国家或地区宏观经济运行状况的有效工具。无锡通过长时间的探索，摸索出通过发展乡镇企业实现非农业化发展的方式，创造了闻名全国的"苏南模式"。此外，无锡的常住人口增速较缓，常住人口占全省比重较为稳定。所以在全市 GDP 不算特别突出的情况下，仍然能够获得优异的人均 GDP 表现。

加快绿色创新制度的落地、落实，以无锡高新区建设为重要抓手。尽管无锡目前在"党政机关报和政府门户网站中相关关键词的出现频率"和"中国最具影响力的综合报纸对当地发展经验的报道频率"这 2 个三级指标的表现较为一般，但是依靠无锡的良好营商环境和对高新技术产业开发区高质量发展的重视程度，能够在未来取得较好的发展。为贯彻落实《国务院关于促进国家高新技术产业开发区高质量发展的若干意见》，无锡以零碳科技产业园建设为重要抓手，出台相关配套鼓励和扶持政策，充分发挥无锡高新区企业示范作用，推动更多的低碳科技成果落地生根，并与更多的国内外绿色创新龙头企业、产业基金加强合作，进一步探索和形成科技创新引领绿色崛起的高质量发展路径。

3.1.8 宁波：制度创新的力度较大，坚持绿色发展理念

政府各项制度创新的力度较大。宁波在"党政机关报和政府门户网站中相关关键词的出现频率"和"中国最具影响力的综合报纸对当地发展经验的报道频率"这 2 个三级指标中分别居第八位和第十位，宁波作为非省会城市，能够有这样的表现，主要归功于政府各项制度创新的力度较大。

开展先行示范区建设，坚持"绿色产业化、产业绿色化"的绿色发展理念。2016 年 3 月，国家发展改革委等 9 部委正式批复同意宁波开展生态文明

先行示范区建设，宁波积极探索东部沿海港口和重化工业城市绿色发展的新模式、新路径和新机制，为全国生态文明建设提供示范。2018 年 5 月 30 日，《宁波市人民政府办公厅关于加快推进绿色都市农业示范区建设的实施意见》要求加强关键技术攻关，大力发展现代种业，引进、集成、运用和示范推广一批优质安全、绿色生态、节本增效的新品种、新技术。2019 年 11 月，生态环境部公布了第三批 23 个"绿水青山就是金山银山"实践创新基地，宁波的宁海榜上有名。宁海依托山、海、林、泉、湖、岛兼具的自然禀赋优势，坚持"绿色产业化，产业绿色化"的绿色发展理念，积极探索绿水青山向金山银山转化的有效途径，形成了具有宁海特色的"两山"转化模式。2021 年 1 月 8 日，《宁波市人民政府办公厅关于印发〈宁波市积极推进供应链创新与应用实施方案〉的通知》要求大力推动绿色制造，鼓励企业采用先进节能技术与装备，在大型成套装备等行业培育一批绿色供应链管理示范企业。

3.1.9 成都：对绿色创新制度宣传到位，创新环境良好，在人才驱动和创新方面作出不小的努力

对绿色创新制度宣传到位。成都在"党政机关报和政府门户网站中相关关键词的出现频率"和"中国最具影响力的综合报纸对当地发展经验的报道频率"这 2 个三级指标中分别居第五位和第六位，与其他城市相比存在一定优势。

绿色制度创新环境良好。在成都市人民政府和四川省人民政府的共同努力下，成都的绿色制度创新环境良好。2016 年 11 月 1 日，《四川省人民政府办公厅关于印发〈推进农业供给侧结构性改革加快四川农业创新绿色发展行动方案〉的通知》要求坚持改革创新驱动，推动农业发展由依靠物质要素投入驱动向依靠科技进步驱动转变。2018 年 9 月，《中共四川省委办公厅 四川省人民政府办公厅关于印发〈四川省创新体制机制推进农业绿色发展实施方案〉的通知》要求构建支撑农业绿色发展的科技创新体系，积极开展以农业绿色生产为重点的技术攻关，示范推广优质农林品种、高效生态技术、绿色生态种养模式。2020 年 12 月 14 日，《中共四川省委 四川省人民政府关于支

持成都建设践行新发展理念的公园城市示范区的意见》提出，四川支持成都打造全国重要的创新策源地，支持高标准规划建设西部（成都）科学城，支持成都深入开展全面创新改革试验。

在人才驱动和创新方面作出较大努力。成都一直是一个吸引外来人才的地区，省、市两级政府在人才驱动和创新方面也作出了不小的努力，并和城市绿色建设结合，相得益彰，共同发展。

3.1.10 长沙：不断努力落实各项绿色创新制度及政策，并积极进行项目建设、知名新经济企业引入以及新经济企业并购

项目建设、知名新经济企业引入以及新经济企业并购。长沙的"人均GDP"指标居于全部城市的第九位。近年来，长沙通过引进知名电商企业、培育本土电商企业、传统商业并购及创新转型等多种方式不断扩大网络销售规模。项目建设、知名新经济企业引入以及新经济企业并购是今后长沙消费品市场保持较快发展势头的有效途径。

不断努力落实各项绿色创新制度及政策。长沙在"党政机关报和政府门户网站中相关关键词的出现频率"和"中国最具影响力的综合报纸对当地发展经验的报道频率"这2个三级指标中分别居第十位和第八位。近些年，长沙也在不断努力落实各项绿色创新制度及政策。2018年6月，长沙市委、长沙市人民政府深入贯彻习近平总书记关于长江经济带发展的战略思想，正式发布《关于坚持生态优先绿色发展在深入实施长江经济带发展战略中推动长沙高质量发展的三年行动计划（2018—2020年)》，要求打造创新引领城市，构建创新生态系统，健全科技金融体系。2019年4月1日，《长沙市人民政府办公厅关于促进园区改革和创新发展的实施意见》正式施行，意见中指出，国家级园区要发挥示范带动作用，突出发展先进制造业、战略性新兴产业。2021年5月19日，《湖南省住房和城乡建设厅关于印发〈湖南省绿色建造试点实施方案〉的通知》提出，深入开展科技创新，形成具有区域代表性的绿色建造创新体系，促进绿色建造向更低能耗、更优品质、更高效率发展。

3.2 研发投入发展经验

根据 2019 年绿色创新指数的评价结果，株洲、湘潭在研发投入方面位列前二，指标评价均在 60 以上，遥遥领先于报告中的其他城市。上海、合肥、绵阳和杭州在研发投入方面列第三位到第六位，指标评价高于 55，领先于国内其他城市，具有影响力和借鉴意义。怀化、益阳、苏州和芜湖在研发投入方面列第七位至第十位，在全国范围内表现优异，具有学习意义。

3.2.1 株洲：发挥人才和资金禀赋优势，研发投入高居榜首

"全部 R&D（研发）人员数量/总就业人员数量"优势明显。作为一个三线城市，株洲吸引科技人才的做法值得全国其他城市借鉴。株洲坚持"人才是抢占创新高地的第一资源"的理念，从 2010 年开始其高新区就确立了"建设全省人才高地"的战略决策，并成立领导小组专门负责引进和培养国内外科技领军人才。除此之外，还先后出台《关于实施"5211 人才计划"的暂行办法》《关于进一步推进人才优先发展的 30 条措施》等多个人才政策文件，在融资、科研经费、场地、居住与家属安置等方面对高层次人才和来区投资创业的科技人才提供帮助与优惠。通过设立院士工作站、人才特区、科研创新创业平台、领军人才扶持奖金、杰出英才奖、资助资金、补贴资金和工作津贴等方式，株洲拥有百余个高端研发团队、千余名博士和海内外创新创业优秀人才。越来越多的正高级专业技术职务人员、园区紧缺的高层次技术及管理人员在株洲聚集，进行绿色技术研发。

突出企业，构建以创新为主体、市场为导向、产业化为目标的科技创新体系。首先，株洲设立涵盖科技创新、产业扶持、人才引进、金融服务等的专项资金，鼓励企业建立研发机构，吸引研发机构入驻，并建立高新区科技金融创新联盟，为园区企业与省内外金融机构搭建投融资平台。其次，安排亿元预算经费用于着力提升动力产业中小企业经营管理水平；出台企业扶持暂行办法并成立科技银行，授信亿元支持科技中小企业。另外，设立湖南高

科发创智能制造装备创业投资基金，株洲市人民政府牵头提供给中小企业逾亿元用于创业投资。为鼓励引导企业实施自主创新，株洲还出台了《株洲高新区、天元区科技创新引导资金管理办法》《株洲高新区、天元区关于增强自主创新能力建设的实施意见》等政策。株洲通过设立领军人才补助、绿色产业基金、研发成果奖金等方式鼓励相关人员和企业进行绿色创新发展，构建出涵盖科技创新、产业扶持、人才引进、金融服务的创新创业支持体系。

大力推动企业通过技术改造等实现绿色转型。市内企业已实施百个节能技术改造和清洁生产自主审核。环境保护产品企业、环境友好产品企业、资源综合利用企业和生态环境服务企业加大资金投入用于污水处理产品、电动汽车、固体废物综合利用和污水处理运营。2018 年，R&D 内部经费支出进步明显，绿色制造也拉动了市区工业增加值。在近 300 家企业关停的背景下，2019 年株洲地区生产总值增幅仍然达 7.9%，分别高于全国、全省 1.8 个和 0.3 个百分点。株洲绿色科技企业把提高自主创新能力作为面向未来的战略选择，把加强自主创新体系建设作为提升核心竞争优势的根本途径，把加快自主创新成果的产业化作为首要任务，从而推动了发展方式由生产要素驱动型向创新要素驱动型转变。

3.2.2　湘潭：注重科学技术投入，大力推进创新驱动示范市建设

大力发展科学技术，科学技术支出占比较高。2019 年湘潭地方一般公共预算支出为 316.59 亿元，其中科学技术支出 12.99 亿元，科学技术支出额度在湖南排名第三。湘潭为科技进步不断加大投入。一是在模式创新上下功夫，助推乡村振兴。在乌石镇打造全市首个科普小镇，成功探索"产业＋科普＋研学"发展模式，建成集研学、科普和农事体验于一体的生态农业综合体，解决 53 个农户的就业问题，实现科普与经济效益双赢。二是在丰富载体上下功夫，创新搭建平台。主动争取上级支持，承办和举办各类青少年科技活动赛事，为全市中小学生提升科技创新能力搭建交流平台。三是在畅通渠道上下功夫，普及科学知识。开展"科普讲堂进校园、进社区"活动，打通科普宣传"最后一公里"。四是在队伍建设上下功夫，优化志愿服务。针对群众反

映的"科普知识信谁家""网络谣言如何破"等问题，依托全市各村（社区）网格管理模式，进一步健全网格科普服务新模式，壮大科普志愿者队伍，提高科普水平。①

大力实施"科创中国"湘潭行动。为提高全部 R&D 人员数量与总就业人员数量的比例，助推湘潭创新驱动示范市建设，由湖南省科技咨询中心、湘潭市科学技术协会联合主办的 2021 年湘潭市专利信息技术应用与推广培训班于 7 月 22 日在湘潭高新区正式开班，来自全市不同企业的 120 余名学员参加培训。全市科协系统大力实施"科创中国"湘潭行动，组建市级水产科技创新联盟，加强院士站、专家站、学会站"三站"建设，开展创新方法、专利信息技术应用与推广培训；实施"科普中国"湘潭行动，制定出台《湘潭市全民科学素质行动规划纲要实施方案（2021—2025 年）》，面向青少年、农民、产业工人、老年人、领导干部和公务员 5 大类重点人群开展精准科普；实施"智汇中国"湘潭行动，组织湘潭市第 12 届青年科技奖、湘潭市 2019—2021 年度自然科学优秀学术论文评选表彰，建立湘潭市青年科技奖获得者人才库。全面加强党建带会建，切实服务"三高四新"战略、"六个湘潭"建设。

"R&D 内部经费支出/工业增加值"逐年上升。2021 年 9 月 18 日，全国高新技术企业认定管理工作领导小组办公室公示了湖南省 2021 年第一批认定报备高新技术企业名单，湘潭有湖南宝德自强计算机有限公司等 152 家企业上榜。湘潭共推荐 175 家企业申报，通过率达 87%，高于全省平均水平，全市有效高企数量达到 595 家。2021 年以来，湘潭落实全省高新技术企业"增量提质"部署，提升产业创新能力，优化产业结构，大幅提升高新技术企业总量和质量。一是高位部署推动。第 107 次政府常务会议专题研究全市企业"登高"工作，明确到 2023 年全市高新技术企业达到 800 家，2025 年达到 1000 家。二是加强培训指导。2021 年已组织开展两场全市高企认定专题培训会，邀省科技厅领导和财务评审专家来潭授课，200 余家企业和县市区、园区科技管理部门参加培训。同时细化企业服务内容和方式，精准聚焦企业申报

---

① 详见《湘潭市科协：下足"四个功夫"，办好科普实事》。

问题，积极提升服务实效。三是培育后备力量。2021 年共组织 7 批次科技型中小企业评价入库工作，成功获得科技型中小企业评价入库编号的企业达到 586 家，入库数全省排名第三。[①]

3.2.3 上海：研发投入处于前列，资金等指标具优势

地方一般公共预算收支状况良好，对科技发展的支持力度加大。根据《中国城市统计年鉴 2020》，2019 年上海地方一般公共预算收入为 7165.10 亿元，地方一般公共预算支出为 8179.28 亿元，其中科学技术支出为 389.54 亿元。随着"六稳""六保"任务的落实，2020 年一般公共预算收支略有下降，但科学技术支出/GDP 仍位居全国前列。2020 年上海科学技术支出调整预算数为 203.4 亿元，执行数为 214.9 亿元，超额完成 5.7%。其中基础研究、应用研究、科技重大项目支出均高于预算，反映出上海市人民政府对于科技发展的支持力度加大。随着科学技术加速发展，科技与绿色经济的融合将更加突出。作为中国的中心城市、超大城市，上海致力于引领未来绿色创新发展，并在 2020 年出台《上海市绿色发展行动指南（2020 版）》，包括绿色产业导入、绿色规划设计、绿色建设施工、绿色运营管理和绿色发展相关支持政策五部分内容。

"全部 R&D 人员数量/总就业人员数量"是绿色创新投入指数的重要衡量指标。上海市研发公共服务平台管理中心相关报告显示，2020 年，上海实现了外国人才来华工作许可和外国人才引进双丰收，在沪外国人才数量质量均居全国第一。截至 2020 年 10 月底，市级外专窗口共核发"外国人工作许可证"25 万余份，其中 A 类高端人才工作许可证近 5 万份，占比 18%。2020 年，上海形成科创中心基本框架，大力推动研发攻关，走在政策先行先试的最前沿。同时，成立了上海期智研究院、上海应用数学中心、上海处理器技术创新中心等新型研发机构。

R&D 内部经费支出处于较高水平，高度重视生态文明建设，坚定不移走

---

① 详见《湘潭市 152 家企业通过 2021 年第一批高企认定》。

生态优先、绿色发展之路。2020 年，国家绿色发展基金在上海设立，为支持生态文明建设注入新动力。此外，为了探索全国区域协调发展可复制可推广模式，上海致力于打造长三角生态绿色一体化发展示范区，其中，阿里巴巴集团、华为技术有限公司、中国城市规划设计研究院、普华永道、复旦大学、上海交通大学医学院等 12 家创始成员单位共同成立了长三角生态绿色一体化发展示范区开发者联盟。

加大人才引进力度，提高科技发展速度。作为长江经济带的龙头城市，上海加大力度引进人才，提高科技发展速度，促进科技与绿色经济相辅相成。随着国家对于绿色发展更加重视，上海在政策方面引领绿色创新投入，努力将自身打造为更具示范性的中心城市。

3.2.4 合肥：发挥资金和人才禀赋，创新经费支出具有明显优势

R&D 内部经费支出领先优势明显。2017—2018 年，合肥加大 R&D 内部经费支出，利用供给侧改革和生态文明示范创建的契机推动创新绿色发展和管理服务新模式。通过打造现代环保产业示范区和生态文明建设样板区，为国内污染治理、资源综合利用等领域拥有先进技术的知名企业进行技术研发提供了合适的环境。许多环保科技公司纷纷投入巨额资金研发污染处理技术，并已形成规模。另外，环保企业共同成立技术联盟，与高校打造创新产学合作模式，培育和引进在国内和国际上具有先进水平的环保技术，通过企业间进行现场互查互学和轮岗学习，加快产业研发和成果转化，显著提高合肥产业含金量。2015 年中国声谷获批成为安徽省首批战略性新兴产业集聚发展基地，2017 年实现产值 510 亿元。

"地方一般公共预算收支状况"指标优势明显。合肥作为安徽的省会城市，在资源、社会关注度、政策等方面具有明显的优势。合肥完善社会多元化环保投入机制，鼓励社会各类投资主体通过多种形式参与环保基础设施的投资、建设和运营。同时，投入近亿元资金用于推进智慧环保项目建设和地表水质生态补偿机制。通过建立投资基金、招商引资、灵活使用基金等方式，合肥财政资金充分发挥社会引导作用，扶持绿色创新企业和产业模式健康发

展，促进了资源的有效配置和城市创新能力的发展。

在人才资源方面具有得天独厚的优势。合肥作为全国重要科教基地和综合性国家科学中心，在人才方面具有巨大的优势。通过建设技术园区和科学技术创新平台，合肥聚集了科大讯飞、华米科技、国盾量子、联发科技、北京君正、中科新天地、航天信息、中霖中科、深圳协创、荷兰恩智浦等行业龙头企业，培育和引进了一大批 R&D 人员。除此之外，合肥还致力于与相关科研院所、高校、专家合作。中国声谷、中科大先进技术研究院、清华大学合肥公共安全研究院在合肥落地生根。全市上下汇聚力量、集中资源、聚焦政策，共同攻克关键性技术，以科技创新开启合肥绿色引擎。

3.2.5　绵阳：在 R&D 研究人员引进培养、R&D 内部经费支出方面具有优势，地方一般公共预算收支状况有完善空间

将人才作为科技创新根本，构建了人才引进培育使用全链条制度体系。绵阳出台了《关于加快建设西部人才强市的意见》《关于实施"科技城人才计划"的若干措施》《"绵州育才计划"实施办法（试行）》等文件，引进高层次人才。同时，制订育才计划培养本土人才。在绵阳企事业单位、科研院所、高校在职人员中选拔领军人才，并给予年度经费补助，领军人才可享受培训进修、成果转化、岗位职称等优待。另外，绵阳还建设科技城人力资源服务产业园，对入驻园区的专业人力资源服务机构给予注册优惠、场地租金减免、人才配套奖励等政策支持。通过提供全方位保障，绵阳构建起领先型的人才发展目标体系、竞争性的人才政策体系和科学化的人才工作制度体系，院士人数占四川的一半之多。

公共预算支出主要用于人才引进和研发。每年支出 5000 多万元保障人才引进计划，用于资助研发团队和海内外创新创业人才。除此之外，还重点支持先进制造产业功能区和校（院、企）地创新联合体，拨款促进科研院所"可转移转化成果清单"项目就地转化。绵阳设立规模为 20 亿元的军民融合成果转化基金和 5 亿元规模的军民融合产业发展基金，促进了科技型企业融资，但公共预算支出对绿色科技的支持力度明显不够，且 2018 年之后有下滑迹象。

"R&D 内部经费支出/工业增加值"逐年稳步上升。首先，绵阳通过科技计划管理改革，改进科技项目及资金管理，下放部分经费调剂权限，简化预算编制方法，赋予科研主体更大的人财物自主支配权，从而调动企业的研发热情。其次，积极开展培训工作，举办 R&D 投入政策及统计业务培训会，深入重点企事业单位进行专题调研指导，宣讲加强研发的重要性以及研发活动可享受的扶持政策。同时，将研发投入情况作为科技项目资金支持的重要依据，对重视研发投入的企事业单位在科技项目中优先支持，鼓励企业加大研发费用投入。绵阳企业 R&D 经费逐年增长，自主创新能力不断增强，带动工业增加值上升，制造业绿色发展。

3.2.6 杭州：科学技术得到财政有力支持，积极引进人才，科研经费稳步上升

地方一般公共预算收支状况较好，对科学技术的支持力度较大。2019 年杭州地方一般公共预算支出为 1952.85 亿元，其中科学技术支出为 148.19 亿元，科学技术支出额度在浙江遥遥领先，位居第一。2019 年，杭州地区生产总值为 15373 亿元，根据绿色创新指数模型，科学技术支出/GDP 为 0.97%。杭州作为浙江的省会城市，对于科学技术的支持力度较大。

推动相关政策，吸引科研人员。为加快推进创新活力之城建设，近年来，杭州深入实施创新驱动发展战略，不断深化科技体制改革，优化完善科技创新政策体系，努力为科技型企业、创新创业者提供更多更优质的公共服务，并发布《杭州市科技创新政策简明手册》，对杭州现有科技创新政策文件进行梳理汇总，从财政资金引导类、创新主体认定类、科技金融服务类三方面政策内容进行整理汇编，同时附上部分科技创新类税收优惠政策，便于企业和创业者直观、快速了解杭州科技创新政策与措施。这有助于杭州吸引更多优质的科研人员，有助于提升科研人员占总就业人员比例。

R&D 内部经费支出呈上升态势。近年来，随着国家对科学技术越来越重视，杭州 R&D 内部经费支出也处于上升趋势。作为全国首个生态省，2021 年5 月 21 日，浙江专门召开"全省碳达峰碳中和工作推进会"，要求大力推进

经济社会发展全面绿色低碳转型。杭州临平区在成立之初就启动了碳达峰碳中和的路径研究，高度重视金融推动绿色发展的作用。2021 年 5 月 26 日，浙江首个"政银保企产研用"一体协同的"绿色低碳"金融创新实验室正式宣布在临平区成立。首批参与实验室的共有 9 家省级银行保险机构和区内 3 家重点企业园区。该实验室旨在加强跨界合作，为银行保险机构在产品研发前期排摸需求、在研发中期提供场景、在研发后期对接首试提供有效支撑，以推动探索更多可复制可推广的绿色低碳金融产品，推动创新更多的绿色低碳技术与绿色金融资源对接模式。同时，还将努力打造为"政府 + 监管 + 银行 + 保险 + 研究机构 + 学者专家"联合开展绿色低碳金融学术研究交流的合作平台，有效发挥前沿实践探索作用，更好助推绿色成为高质量发展的底色。

3.2.7　怀化：政府政策精准有效，企业科技研发活动得到有力支持

政策引导，着力提升各类人才平台和产业平台对人才的吸引力和承载力。怀化"全部 R&D 人员数量/总就业人员数量"指标表现优异，得益于怀化市人民政府于 2017 年印发的《关于深化人才发展体制机制改革大力推动人才引领创新发展的实施方案》和 2018 年印发的《怀化市五溪人才行动计划》。在这两个文件支持下，怀化围绕重点产业、新兴产业，着力提升各类人才平台和产业平台对人才的吸引力和承载力，3 年内新增 10 家市级以上创新平台，新建 10 家院士专家工作站，新增 10 家市级以上孵化平台。同时扶持了一批创新创业团队，立足科技创新和产品创新，引进了高层次院士专家团队，并培育一批本土中小微企业团队，将积极培育科技型中小企业作为产业升级的重要抓手，扶持更多的本土中小微企业成长为高新技术企业，给予每个团队 20 万元资金支持。开展"五溪智汇"柔性人才引进专项行动，采用柔性引进方式，引进一批高尖端行业领军人才。并在怀化籍企业家较多的城市举办怀化籍企业家代表见面会，一起共叙乡情，支持回乡创业。

企业创新经费补助政策成效显著。全市"R&D 内部经费支出/工业增加值"指标为 10.07%，在全国范围内达到优秀水平。这得益于怀化市人民政府

为企业提供的创新经费补助，2018 年市级工程技术研究中心奖补共安排项目资金 2950 万元，奖补市级工程技术研究中心 295 家，政策引导企业提升科技自主创新能力作用凸显，企业整体创新能力提升明显。295 家企业中，科技型中小企业 97 家，占比 32.9%；高新技术企业 114 家，占比 38.6%。2019 年怀化根据《怀化市加大全社会研发经费投入行动计划（2018—2020 年）》进行第一、第二批奖补，通过实施"育苗行动""固本行动""金穗行动"等共兑现奖补资金 4950.42 万元，奖补单位 476 家，总体成效显著，主要科技创新指标再次实现大幅增长，增速居全省前列。

3.2.8 益阳：大力支持高新技术企业发展，科技成果转移转化提速

政府重视高新技术企业发展。举办"益阳银城杯"湖南省创新创业大赛益阳分赛，2018 年有 7 家企业、2 个团队入围省赛并获得优胜奖，晋级省创新创业大赛总决赛项目 1 个、国家创新创业大赛行业总决赛项目 3 个。同时，推动《益阳市加大全社会研发经费投入行动计划实施方案》出台，着力提升企业研发经费投入和创新供给能力。根据《中共益阳市委 益阳市人民政府关于实施科技引领推进创新益阳建设的意见》等相关政策文件，益阳 2018 年落实科技奖励性后补助经费 473 万元，使企业推进科技创新更有动力。

项目和平台支撑能力进一步增强。2018 年，成功申报省级以上项目 97 个，获资金支持 7617 万元，创历史新高。申报省战略性新兴产业科技攻关与重大科技成果转化专项 2 个、省创新创业技术投资项目 12 个，居全省前列。30 家企业获省研发投入财政奖补，争取资金 724.29 万元。新增省级重点实验室 1 家、省级工程技术研究中心 2 家，新认定省级"星创天地"3 家。2018 年，全市拥有省级重点实验室 3 家，省级工程技术研究中心 21 家（全省排名第五），国家级众创空间 2 家，省级众创空间 2 家，省级科技企业孵化器 2 家，省级以上"星创天地"9 家，其中国家级"星创天地"3 家。

科技成果转移转化进一步加快。推进湖南院士专家产业园建设，金博碳素、久泰冶金、轻武器研究所、福德电气、银鱼农业 5 家单位分别与黄伯云等 5 位院士达成合作协议。科力远获得 2018 年度国家科技进步奖二等奖，申

报省科技进步奖 12 项、省技术发明奖 2 项并通过初审。完成科技成果登记 25 项，完成技术合同登记额 4.25 亿元，率先、超额完成省定任务。

重大科技创新项目建设有力推进。5 个项目入围全省"100 个"重大科技创新项目，计划总投资 28.33 亿元，2018 年计划投资 11.45 亿元，实际完成投资 13.35 亿元，完成率为 116.59%。2018 年计划研发经费投入约 1.69 亿元，实际完成投入约 2.04 亿元，完成率为 120.7%。

3.2.9 苏州：国际国内创新人才引育机制完善，创新人才数量稳步增长

具备完善的国际国内创新人才引育机制。2018 年苏州出台《关于构建一流创新生态建设创新创业名城的若干政策措施》，支持引进国际创新创业人才，培育更多更强创新型企业。除此之外，苏州为国内创新人才提供了先进的平台载体，人才引育力度加大。2019 年年末全市各类人才总量 293.44 万人，其中高层次人才 26.98 万人、高技能人才 64.8 万人。新增国家级人才引进工程入选者 12 人，累计达 262 人，其中创业类人才 135 人。新增省"双创人才"112 人，累计达 985 人。2019 年年末，全市共有 11 家国际创客育成中心、4 家国内创客育成中心。构建"外地加速孵化、本地落地转化"的招才引智新模式，设立西安交通大学博士后创新创业长三角基地。举办第 11 届苏州国际精英创业周、跨国技术转移与国际人才对接大会。截至 2019 年，苏州全部 R&D 人员数量近 21 万人，这个数量在全国范围内都排在前列。

3.2.10 芜湖：以科技创新为重点，充分利用自身优势吸引人才

将科技创新作为工作重心，投入大量资金进行科技建设。2020 年芜湖地方一般公共预算——科学技术支出为 54.5 亿元，与全市 GDP 比值也稳定在 1.7% 上下。"十三五"以来，芜湖在科技、创新等方面的成就：招引 422 个高层次科技人才团队参加市科技建设活动，吸引各类高端创新人才 2000 余人，累计重点扶持团队 108 个，协议扶持资金达 10.1 亿元。被扶持企业成长迅速，45 家被认定为高新技术企业，12 家进入高新技术企业培育库。酷哇机

器人、中电科芜湖钻石飞机、天兵电子、华明航空等成为全省团队创新创业的成功典型。在全省率先设立每年 10 亿元的产业创新专项资金,支持哈工大芜湖机器人产业技术研究院①、西电芜湖研究院、中科大智慧城市研究院等 45 个重点研发创新平台建设。全市各类省级以上研发机构从 300 家增长到 423 家,新型研发机构数占全省 1/3。省级以上科技企业孵化器、众创空间从 17 家(其中国家级 3 家)增长到 42 家(其中国家级 11 家)。芜湖高新技术创业服务中心 5 次入选全国科技企业孵化器百强榜单。

凭借在机器人、通用航空产业的既有优势,芜湖进一步加快发展,吸引全国资源倾斜。比如成立长三角 G60 科创走廊科技成果转移转化示范基地,设立 G60 科创走廊机器人产业联盟和通用航空产业联盟。这就吸引了全国相关领域高端科技人才,2017—2019 年,全市 R&D 人员数量从 2.9 万人增长到 3.7 万人。而科技人才的涌入也帮助芜湖在机器人、通用航空、新能源汽车等尖端领域取得一批重大技术突破,奇瑞第三代发动机 1.6TGDI、海螺碳捕集纯化技术、埃夫特 ER16L – C20 喷涂机器人、航瑞航空发动机、航天特种电缆厂航空航天用特种电缆、雄狮智能互联技术等一批技术成果达国内国际领先水平。万人有效发明专利拥有量达 41 件,连续 9 年位居全省第一。

3.3 创新基础发展经验

根据绿色创新发展指数的评价结果,武汉、成都、南京、长沙、昆明、上海、重庆、合肥、南昌、杭州的创新基础指标位列前十。

3.3.1 武汉:城市基础设施提档升级,统筹推进新基建和传统基建,健全现代化基础设施体系

建设现代化国际性综合交通枢纽。第一,建设国际航空客货运双枢纽门户,规划建设航空港、航空城和国家级临空经济示范区,打造集航空、科技、

---

① 现更名为长三角哈特机器人产业技术研究院。

医疗健康、商务会展等高端生产性服务业于一体的国际开放门户和航空都市，发展临空经济。第二，建设铁路客货运双枢纽，推进铁路西北货运环线建设，形成"一环八向"铁路货运网。第三，建设武汉长江中游航运中心。第四，建设全国公路路网重要枢纽，建设武汉城市圈大通道和武汉至周边城市射线高速公路，实现武汉至周边城市的"直连直通"。第五，突破性发展多式联运。

加强新能源利用，推动全社会绿色发展。因地制宜布局新能源项目，推广太阳能光伏发电应用，有序推进集中式风电项目建设。大力发展新能源汽车及配套基础设施，优化加油（气）站网络布局，推进新能源汽车充电桩建设，打造沿三环线、四环线加氢走廊，构建武汉新能源汽车公共充电服务体系。

系统布局新型基础设施，构建完善的新型基础设施体系。武汉致力于建设全域连续稳定覆盖的 5G 网络，打造 5G 先用先试城市，并加快千兆光网覆盖普及，建成移动网、固网"双千兆城市"。同时，武汉建设存算一体数据中心，新布局一批 AI 算力中心；建设物联感知网，规模化部署低功率、高精度的智能化传感器，实现大规模物物连接。另外，武汉努力构建区块链应用服务生态，打造运营集中化、操作规范化、管理可视化的区块链能力平台。

3.3.2 成都：构建高效便捷、保障有力的基础设施网络，加快推进 新型基础设施布局建设，有效支撑高质量发展

优化市域综合交通体系。一方面，加快实施城市通勤效率提升工程，以轨道交通助推"轨道 + 公交 + 慢行"三网融合交通体系建设，构建布局合理、绿色高效的城市交通体系；另一方面，加密城市轨道交通网络，实施市域铁路公交化改造，完善公交智能调度系统，大力推进轨道交通向郊区新城和功能区延伸，持续推进城乡公交融合，并提高换乘便捷性。

优化升级枢纽交通网。应用人工智能、大数据等技术开展智能路网改造，实施智慧交通三期工程，推动传统基础设施转型升级为融合基础设施，加快形成智慧交通体系。此外，推动智慧公交、端到端定制化出行等一站式智能

出行服务，建设轻量化、电动化、智能化、网联化、共享化出行生态。推动建设交通大脑，提高道路通行效率和安全性。

强化清洁能源基础设施建设。着力推动氢能、光伏等新能源开发利用，深化能源要素价格改革，打造清洁低碳高效的能源体系。大力发展培育绿色低碳产业，深入推进传统产业低碳转型，加快淘汰落后产能，主动融入低碳产业链高附加值环节，建设绿色技术创新中心、绿色工程研究中心，打造国家绿色产业示范基地。

推进信息基础设施集成、集约建设，推动网络连接增速，增强国际通达能力。第一，加快推进 5G 基站、千兆光纤网络、物联网规模覆盖。第二，打造存算一体数据中心，优化布局边缘计算节点，在蓉布局全国一体化大数据中心、国家级互联网交换中心等重大项目。第三，加快推进基于信息化、数字化、智能化的新型城市基础设施建设试点，全面推进城市信息模型（CIM）平台建设，推进城市运行综合管理服务平台建设，推进智能化市政基础设施建设和改造，提升城市基础设施运行效率和服务能力。

3.3.3 南京：坚持新基建与传统基建一体谋划、协同推进，以新基建赋能交通、能源、水利、市政等传统基础设施，以传统基建丰富新基建应用场景，提升基础设施整体水平

不断增强综合交通枢纽能级，致力于提升区域航空枢纽功能。南京在其交通"十四五"规划中提到要建设"航空＋高铁"的快速交通运输服务体系，实施禄口国际机场三期工程，加快引入宁宣铁路、扬镇宁马铁路和市域快线 18 号线，并出台政策不断完善航空物流网络，建设空港大通关基地，建设中国邮政国际货邮综合核心口岸，打造国际货邮核心枢纽。此外，南京不断巩固全国铁路枢纽地位，持续优化公路网络布局，加快建设都市圈环线高速公路禄口至全椒段、仪征至禄口机场高速公路，缓解过境交通压力，并提升对外辐射能力。这些交通枢纽建设规划以及出台的相关政策，加速了南京的基础设施建设和发展，为实现城市的绿色发展提供生生不息的动力。

着力建设智慧、平安、绿色交通，加强 5G、大数据、人工智能等在交通

领域的应用，建设智慧公路、智慧港口、智慧机场。一方面，南京探索车路协同、无人驾驶、响应式公交等应用，建设江心洲新型公交都市先导区；另一方面，努力提高绿色交通发展水平，推动新能源和清洁能源车辆在公交、城市配送等领域的应用，加快建设新能源汽车充电桩设施，从而满足市民清洁化、智慧化、便捷化的出行需要。

坚持科技引领、应用驱动，加快部署新型数字基础设施、创新基础设施和融合基础设施，增强经济发展新支撑和新动能。一方面，南京出台相关政策，加快 5G 网络建设，实现城区室外全覆盖、重点区域深度覆盖，实现 5G 与各类垂直行业融合和商务应用；另一方面，加快布局新一代数字基础设施，建设华东区域数据中心和超级中试中心，打造全球信息服务的重要节点。此外，南京利用 5G 等新一代信息技术，增强传统基础设施创新发展动能，推动能源、水利、市政等传统基础设施数字化升级，为经济发展提供新的动能与活力。

3.3.4 长沙：统筹推进基础设施建设，打造系统完备、高效实用、智能绿色、安全可靠的现代化基础设施体系

不断完善交通基础设施建设。加快轨道交通建设，适时启动长浏、长宁轨道快线建设，强化轨道交通与多种交通方式一体化衔接。加快快速路环射成网，加强过江通道、跨铁通道建设，完善次、支路网，打通道路微循环，提升路网承载力和通达性。统筹推进公交首末站、地下停车场、公共停车场特别是轨道交通站点公共停车场建设，多措并举缓解停车难问题。加强智慧电网建设，打造国际一流的城市电网。

完善能源基础设施。加强区域输油、输气管道建设，同时推进能源革命，完善能源产供储销体系，加强国内油气勘探开发，加快油气储备设施建设，加快全国干线油气管道建设，建设智慧能源系统，优化电力生产和输送通道布局，提升新能源消纳和存储能力，提升向边远地区输配电能力。

系统布局新型基础设施。加快 5G、工业互联网、物联网、大数据中心、充（换）电站（桩）等建设和下一代互联网规模部署，构建新型基础设施体

系，通过新兴产业项目建设培育"新动能"，加快推进长沙经济社会高质量
发展。

3.3.5 昆明：加快推进建设安全高效、绿色智能的现代化基础设施，支撑高质量发展的综合基础设施体系初步形成

构建现代化综合交通网络。统筹铁路、公路、水运、民航、轨道、邮政
等基础设施建设，深入推进铁路"补网提速"、航空"强基拓线"、水运"提
级延伸"、公路"能通全通"，加快构建对外高效联通、内部便捷畅通的立体
综合交通网络，着力打造区域性国际综合交通枢纽。

打造世界一流"绿色能源牌"。以建设清洁低碳、安全高效的现代能源体
系为核心，着力调整能源生产消费结构，做强做优绿色能源产业，持续完善
能源基础设施。此外，推广建设充电基础设施，鼓励龙头企业带头示范建设
充电网络，在现有各类建筑物的配建停车场、公交场站等场所建设公共集中
式充电站、分散式充电桩等充电基础设施。

提速建设新型基础设施，构建数字昆明。加快泛在感知、高速连接、协
同计算、智能决策、绿色安全的新型基础设施体系的建设，全面覆盖5G等信
息网络，推动人工智能、工业互联网、物联网等新型基础设施与传统领域深
入融合，政务和城市数据实现统一汇聚和互联互通，全面普及传统基础设施
数字化、网络化、智能化改造。

3.3.6 上海：新型基础设施规模和创新能级遥遥领先，为加快构建现代化产业体系厚植新根基

枢纽型、功能性、网络化基础设施体系基本形成，综合交通体系不断完
善。1949年5月，全市只有44条公交线。经过70多年建设发展，上海交通
网络已基本建成四网交汇、衔接紧密、节点枢纽功能强大、便捷通达的立体
化综合交通网络体系，这得益于当地有效的政策引导。比如《上海市城市总
体规划（2017—2035年）》提出了提高中心城公共交通服务水平的目标，要
求上海建成多元化的公共交通模式，完善多层次、多类型的城市综合交通体

系；健全轨道和干线道路网络，优化道路交通的运输服务功能；完善货运枢纽布局，发展多式联运的现代货运物流体系；灵活应对新兴技术发展，全面建成与全球城市功能相匹配的对外对内综合交通系统。

多项基础设施建设水平在国内处于领先地位，发展势头强劲。一是网络基础设施建设水平国内领先。2020 年已实现全市 16 个区 5G 网络连续覆盖，建设了 15 个具有全国影响力的工业互联网行业平台，带动 6 万多家中小企业上云上平台。二是数据中心和计算平台规模国内领先。截至 2020 年 5 月，上海市互联网数据中心已建机架数超过 12 万个，利用率、服务规模处于国内第一梯队。市大数据平台累计已汇集全市 200 多个单位 340 亿条数据，数据规模总体在国内领先。三是重大科技基础设施能级国内领先。上海已建和在建的国家重大科技基础设施共有 14 个，大设施的数量、投资金额和建设进度均领先全国。

系统性推进实施新基建，数字化转型不断加速，并明确提出新基建的重点领域。上海为适应高质量发展和智慧化管理的要求，超前布局适应新生产生活方式的基础设施。聚焦新时代上海城市功能和核心竞争力水平提升以及新经济发展的要求，上海明确了推进上海特色"新基建"的 4 个重点领域：以新一代网络基础设施为主的"新网络"建设、以创新基础设施为主的"新设施"建设、以人工智能等一体化融合基础设施为主的"新平台"建设、以智能化终端基础设施为主的"新终端"建设。

3.3.7 重庆：适度超前规划建设传统基础设施和新型基础设施，构建系统完备、高效实用、智能绿色、安全可靠的现代化基础设施体系

完善城市交通系统。持续实施"850 +"城市轨道交通成网计划，推进第二期至第四期轨道交通项目建设，推动东中西槽谷内部轨道交通加速成网，构建"环射 + 纵横"融合的多层次城市轨道网络，高质量开展轨道站点 TOD[①] 开发。此外，完善城市道路体系，加快同城化通道、进城连接道和越江

---

① 就是以公共交通为导向的城市发展模式。

通道、穿山隧道建设，推动中心城区畅联畅通，围绕重点片区加密次支路网，改善道路交通微循环。

完善能源保障体系。重庆紧扣 2030 年前碳排放达峰目标，深化能源供给侧结构性改革，优先发展清洁能源和可再生能源，推进化石能源清洁高效开发利用，加快构建清洁低碳、安全高效的现代能源体系。增强安全清洁的多元化能源供给能力，优化能源供应结构，巩固拓展市外煤炭、电力和成品油等供应渠道。构建内畅外通的多渠道能源设施网络，优化升级市内能源网络，提升市外能源入渝通道能力。构建灵活高效的能源储备调峰体系。

系统布局建设新型基础设施。重庆计划突出新型网络、智能计算、信息安全、转型促进、融合应用、基础科研、产业创新等重点领域，有序推进数字设施化、设施数字化，建设全国领先的新型基础设施标杆城市。推进信息基础设施建设，加快建设 5G、千兆光纤等基础网络，规划部署低轨卫星移动通信、空间互联网和量子通信网等未来网络设施，打造泛在互联立体网络体系。加快部署融合基础设施，构建智慧城市智能化中枢，推动交通、水利、能源、公共安全等基础设施智能化升级。加快建设创新基础设施，前瞻布局前沿基础研究平台，大力争取建设重大科技基础设施、国家实验室、国家重点实验室和科教基础设施等。

3.3.8 合肥：加快发展新基建，为经济发展培育新动能

完善城市交通体系。全面实施新一轮城市大建设，加快城市快速路、轨道交通、主次干道、支路等建设。加快城市交通基础设施建设，推进轨道交通网城区加密、县域延伸，规划建设现代有轨电车，建设长三角轨道交通示范市。优化提升路网结构，加快形成"五横七纵、多向加密"快速路网，加快弥补城区路网密度短板，畅通城市组团联系，打通断头路和交通堵点。

建设综合性国家科学中心。加快人工智能、能源、大健康、环境科学等重大综合研究平台以及未来技术创新研究院建设，打造大型综合研究基地。不断推进国家实验室建设，充分做好国家实验室服务保障工作，量子信息与量子科技创新研究院建设完成。

加快建设通信网络基础设施。科学布局支撑数字化发展的基础网络体系，构建覆盖"5G＋物联网＋千兆光网＋量子网＋卫星网"的通信网络基础设施体系。加快实现5G、物联感知网络体系全覆盖。实施"千兆入户、万兆入楼"的光纤覆盖计划，全面提升网络带宽。加快建设天地一体化信息网络合肥中心，建成合肥地面信息港，形成天地一体化信息服务能力，打造国家级信息服务产业基地。

3.3.9 南昌：基础设施日益健全，创新驱动迸发新势力

优化内畅交通网络布局。构建高效城市道路网络，完善跨江通道体系，在推动建成"十纵十横"城市干线道路的基础上，加强纵横路网的联系通道建设。大力实施公交优先战略，构建定位清晰、功能互补的多层次公共交通网。打造城市绿色慢行空间和高品质绿道系统，促进自行车、步行交通和公共交通无缝衔接。建设无缝换乘、多式联运的综合客货运枢纽，构建"快进快出"的集疏运体系。

创新驱动多点突破。赣江两岸科创大走廊全面推进。南昌航空科创城、中国（南昌）中医药科创城、南昌VR科创城持续推进。中科院江西产业技术创新与育成中心、北京大学南昌创新研究院、浙江大学南昌研究院等成功落地。国家级重点实验室、国家级工程技术研究中心和省级重点实验室分别占全省的80%、50%和77%。江西省高层次人才产业园正式开园。

大力发展绿色能源。鼓励新建住宅、医院、学校、商场、办公楼和会展中心等建设屋顶光伏发电项目。鼓励发展生物质综合利用，探索生物质燃煤耦合热电联产，提高可再生能源比重，加快扩建泉岭和麦园垃圾焚烧发电项目。创新探索氢能应用，加速推进氢能基础设施建设。加强新能源微电网、能源物联网、"互联网＋智慧"能源等综合能源示范项目建设。

3.3.10 杭州：传统基建和新基建双管齐下，加快推动建设以数字基建为核心的"新基建"布局

加强城市交通设施建设。加大城市轨道交通建设力度，探索利用既有铁

路开行公交化城际列车，构建"轨道上的杭州"。加大市域西部交通投资力度，建设连接主城区的快速轨道交通。加密城区路网，打通城市断头路，统筹规划建设过江隧道，加快城市快速路网建设，构建"三环六纵五横十三射五连"的骨架路网体系。

创建综合性国家科学中心承载平台。全力支持之江、西湖实验室打造国家实验室，加快建设湖畔、良渚等省实验室，推动在杭国家重点实验室数量和质量双提升，创建一批联合实验室和实验室联盟。建成超重力离心模拟与实验装置，加快推进新一代工业互联网系统信息安全大型实验装置、超高灵敏量子极弱磁场和惯性测量装置、多维超级感知重大科技基础设施等项目建设。创建国家先进芯片产业创新中心、国家城市大脑技术创新中心等。建设阿里达摩院、北航量子实验室等。

强化数字基础设施。加快建设5G+超级无线网络的泛在、安全、高效通信网络，推动5G网络高质量、广覆盖。建设国家（杭州）新型互联网交换中心，扩容升级杭州国家互联网骨干直联点，推进下一代互联网规模部署和应用，推动卫星互联网、物联网、区块链等基础设施。加快5G+车路协同、空地协同等新型基础设施建设，推进传统基础设施数字化改造。

3.4 创新转化发展经验

根据创新转化指标的评价结果，上海、苏州、南京、武汉、杭州、成都、长沙、重庆、常州、合肥位列前十。

3.4.1 上海：创新转化能力之首，以制度体系设计建设有全球影响力的创新中心

通过相关制度设计，增强科技成果转移转化主体的内生动力。在政府内部建立科技成果转移转化联席会议机制。通过联席会议研究相关重大事项，审议相关发展规划，督促任务落实，协调有关瓶颈障碍，加强政府内部部门间协作配合。对于研发机构与高校，要求其通过专业化的技术转移服务机构

开展转移转化工作，聘用一批法律、专利、创业、风投及国际商务方面的复合型人才，鼓励其开展转让许可、作价入股、创办公司等多种形式的科技成果转移转化。对于企业，充分释放其科技成果转移转化需求，鼓励其主动承接和转化机构院校的成果，重视原创或前沿技术的储备，构建以企业为主体的创新网络。鼓励企业与企业、机构和高校共建重点实验室、工程技术（研究）中心、企业技术中心等研发机构。鼓励组建多种形式的产业技术创新联盟、制造业创新中心，加强行业共性关键技术研发和推广应用、产业技术基础平台建设、知识产权协同运用和创新产品的应用示范。

建立开放共享的科技成果信息库。依托国家科技成果信息库，建立科技成果信息共享与发布系统，最大限度地对外开放，为科技成果的传递、扩散、交流提供丰富完备的信息资源支持。同时，积极推动科技成果信息的开发利用，鼓励企业和社会各界对信息库的开放信息进行加工利用，盘活数据资源，鼓励服务机构开展科技成果信息的评估筛选，挖掘有产业化前景的成果，对接企业所需的科技人才。

建设科技成果转移转化服务体系。大力发展技术转移服务机构，建立促进和规范其发展的政策保障体系，并挖掘一批服务能力强的机构，引导其做精做专、做大做强，形成具有国际及国内影响力的优秀服务品牌。与此同时，稳步提升众创空间服务能力，建设一批创新资源配置优、产业辐射作用强的专业化众创空间，为初创期企业和转化项目提供孵化场地、创业辅导、资金技术对接等服务。在国际上，发展一批国际化众创空间，拓宽海外合作渠道，开展国际化交流活动，吸引国外研发机构、高等院校科技成果在沪转移转化。

3.4.2 苏州：多管齐下，加快打造具有全球影响力的产业科技创新高地

推动建设一流水平的研发机构。明晰科研院所功能定位，增强在应用基础研究和行业共性关键技术中的骨干引领作用。进一步提升现有研发机构的产业源头作用和功能水平，推动衍生更多成果转化项目、产业化公司，全面形成研发与产业化同步开展的良性循环。

大力发展科技服务业。加强创新链、产业链和服务链深度融合，全面提升研发设计、创业孵化、技术转移、科技金融、知识产权等科技服务业态发展水平。完善技术交易市场体系，发展专业化、市场化的交易平台。在孵化载体方面，加快众创空间建设步伐。突出产业导向，立足苏州制造业基础和优势，顺应互联网跨界融合创新创业新趋势，鼓励社会力量投资建设或管理运行新型孵化载体，鼓励引进国际国内知名众创孵化培育管理模式。鼓励各类科技企业孵化器特别是有条件的国有孵化器加快机制创新，利用资源优势和孵化经验建设一批众创空间，吸引民营孵化器、企业、风险资本等积极参股和管理，共同推进众创空间建设发展。加强创业孵化服务衔接配合，支持建立"创业苗圃—孵化器—加速器"的创业孵化服务链条。

完善成果转化激励机制。鼓励研究开发机构、高等院校通过转让、许可或者作价投资等方式，向企业或者其他组织转移科技成果，尤其优先向中小微企业转移科技成果。将职务发明成果转让收益在重要贡献人员与所属单位之间合理分配，对于在研究开发和科技成果转化中作出主要贡献的人员，其获得奖励的份额不低于奖励总额的 50%。深化国有企业改革，贯彻落实国有科技型企业股权和分红激励政策，对科技人员实施激励。

完善创新型企业培育机制。促进中小科技企业做强做大。推进实施"雏鹰计划""瞪羚计划"，每年统筹安排 2 亿元资金，根据科技型中小企业不同需求，采取创业引导、项目资助、科技金融服务等形式给予扶持。建立国家高新技术企业培育库，对入库企业给予最高 30 万元的研发费后补助。加大培育核心技术领先、集成创新能力强、引领产业发展的创新型企业，对纳入国家"世界一流"创新型企业培育对象的给予最高 500 万元研发费用支持。建立企业研发准备金制度，引导企业有计划、持续地增加研发投入，符合要求的企业可获得其研发费用比例最高 10%、最高 500 万元的支持。

3.4.3 南京：着重推进各类平台专业化建设，千年古都打造创新名城

支持高校院所开展科技成果转移转化，推动与地方深度合作。推动建设

科技成果转移转化先导区，围绕战略性新兴产业，联合高校院所优先布局建设一批产业技术创新平台。推动高校院所与地方科技创新深度合作，探索建立高校科技成果转移转化绩效评价机制，组织高校梳理科技成果资源，适时发布科技成果目录，引导鼓励高校院所科技成果在宁转移转化，使科技成果与产业、企业需求有效对接。鼓励地方、企业、投融资机构共同出资成立高校院所科技成果转化基金，用于建设公共技术平台，成立科技成果中试熟化基地，扶持科技成果转化项目。

加强科技成果转化服务平台建设，以共享降低信息获取成本。一方面，建设专业化的区域性科技成果转化服务平台，建设线上线下相结合的科技成果交易市场。完善平台综合服务能力，定期开展科技成果展览发布、交易洽谈、拍卖路演、咨询培训等线下活动，同时加强技术转移资源优化配置、技术交易服务链等线上服务体系建设，引导科技成果与各类创新资源在平台聚集和发展。另一方面，开发南京科技成果网络信息服务系统，加强科技成果信息、知识产权信息等资源的收集整理，对成果信息进行分类和挖掘。鼓励高校院所和各区（园区）加强最新技术成果信息和产业技术需求信息的发布，支持技术转移服务机构对科技成果供需信息进行深度分析处理，加强对科技成果数据库的功能开发。

推动众创空间专业化发展，建设孵化链条。依托龙头骨干企业、高校院所等具有强大产业链和创新链资源整合能力的主体，建设一批科技成果转移转化服务能力强的专业化众创空间，为创新创业提供有效供给，着力打造在全国有影响力的众创集聚区。完善"创业苗圃—孵化器—加速器"创业孵化链条建设，开展科技创新创业载体绩效评价，引导众创空间、科技企业孵化器等完善服务网络，提升服务科技成果转移转化的专业化水平。支持众创空间引进国际先进的创业孵化理念，吸引更多科技人员、海归人员等高端人才入驻。

3.4.4 武汉：以创新驱动战略优化创新环境，逐步迈向国家科技创新中心

科技创新平台载体建设不断完善，加快重大科技基础设施建设。武汉加

快布局建设国家级创新平台，积极支持建设省级科技创新平台，做好市级工业技术研究院的组建工作。同时，武汉高质量编制"光谷科技创新大走廊"规划，以"一个东湖科学城，七个湖北实验室，九个重大科技基础设施"为建设重点，全力争创武汉东湖综合性国家科学中心。此外，不断完善脉冲强磁场中心、P4实验室（中国科学院武汉国家生物安全四级实验室）功能，加快推进精密重力测量、生物医学成像、武汉光源、农业微生物、作物表型组学、磁约束聚变中子源等重大科技基础设施建设。

持续推进高校院所科技成果转化，做好政府与其相关对接工作。举办大中小型科技成果转化的专场对接活动，建立常态化的校地对接联动工作机制，全力当好成果转化的"经纪人"，校地对接的"联络员"。通过选派相关人员分驻武大、华科、武汉理工大等10所重点院校，点对点联系，面对面服务，准确掌握研发动态，及时梳理最新成果，配合做好相关工作，精准推动一批重大科技成果就地转化。

不断加大高新技术产业发展与企业培育力度，并做好疫情防控期间保障工作。武汉大力实施创新驱动战略，以东湖高新区、武汉开发区、临空港开发区三个国家级开发区为重要载体，实现了高新技术产业平稳快速发展，为全省经济社会发展和产业转型升级提供了强有力的支撑。此外，2020年新冠肺炎疫情防控期间，武汉市人民政府通过以下几项工作，加强高新技术企业培育工作的部署：一是市、区、街道、园区、孵化器和专业机构联动，全力服务企业；二是发挥政策激励效应，疫情防控期间按照特事特办、急事急办原则，督促各区迅速兑现高企奖励政策；三是创新培训辅导形式，广泛开展线上培训，累计培训超过1.2万人次；四是全力争取上级支持，摸清疫情防控期间有关高企认定申报的便利措施，更好地服务企业申报；五是及时调度申报工作，确保三年到期重新认定的企业应报尽报，摸清源头企业尽力挖潜。

3.4.5　杭州：双创示范，重视小微企业发展，厚植创新活力之城特色优势

促进小微企业科技创新发展，打造良好服务体系。杭州围绕中央资金整

合市、区两级资金，聚焦"双创示范"扶持小微企业创业创新。同时打造众创空间、企业孵化器、小型微型企业创业创新示范基地、特色小镇等空间载体，为小微企业创业创新提供场地。还基于"互联网＋"打造小微企业公共服务，形成了"创新券、活动券、服务券"小微企业公共服务体系。杭州充分发挥海外协同创新中心等平台作用，鼓励有条件的区、县（市）到国外创新集聚区设立科技企业孵化器，大力支持海外优秀科技人才携带高新技术项目来杭州落地创办科技型企业。

提升平台资源集聚能力，建立企业集群。杭州加快推进国家自主创新示范区建设，支持高新园区、经济开发区和科技城的创新发展。积极推进城西科创大走廊、城东智造大走廊、钱塘江金融港湾和各类特色小镇建设，引进一批具有影响力的人才来杭州创新创业。支持各区、县政府和社会组织举办各种类型的创新活动加快科技资源集聚，致力于培育一批具有核心关键技术的高新技术产业群和以"国高企"为主的科技型企业集群，引领全市创新发展。

加强科技金融服务，降低企业创新成本。杭州扩大对科技型企业担保的范围、规模和补偿力度，完善科技型企业融资周转基金政策，引导和鼓励民间资本投资支持科技型企业的创新发展。同时，杭州执行"国高企"减按15%的税率征收企业所得税的政策优惠，深入推进利用"创新券"购买公共服务的政策，完善科研设施和仪器设备等科技资源向社会开放的运行机制，逐步扩大在技术咨询、技术服务等方面的应用，降低科技型企业创新活动成本。

3.4.6 成都：机制体系、人才集聚多点开花，营造科技成果转化优良环境

深入推进科技成果转化机制改革，推动科技成果产业化。一方面，成都出台科技成果转化系列实施细则，包括制定"成都新十条"实施细则，支持科技成果"三权"改革，以及建设新型产业技术研究院、创新驱动发展试点示范区、技术市场等，策进高校院所科技成果在蓉转移转化和产业化。另一

方面，以各高校为重点，积极推进职务科技成果混合所有制在环高校成果转化区进行试点推广，运用全面创新改革先行先试优势，帮助在蓉高校向国家部委争取试点政策，推动在蓉高校出台配套政策。

建设创新人才集聚高地，引育创新领军人才和专业经理人。成都深入实施"蓉漂计划""产业生态圈人才计划"以及"成都城市猎头计划"等多项人才计划。通过成果转化、联合研发、技术引进等方式，靶向引育一批引领科技发展趋势、具有行业号召力的科学家，支持具有科学家精神、国际视野、勇于创新的青年科创人才和专业经理人加速成长。到 2019 年，"蓉漂计划"已连续申报三年。"蓉漂计划"青年人才驿站工程包括青年人才云服务平台、青年人才驿站和青年人才之家等内容，为来蓉应聘的本科及以上学历应届毕业生提供 7 日以内免费住宿，并为来蓉、在蓉高校毕业生提供公益性、综合性服务。

完善科技创新服务体系，促进科技服务业发展。2019 年，成都制定了《成都市科技创新券实施管理办法》，推动科技服务需求方和供给方有效对接。科技创新券依托"成都创新创业服务平台"进行运作，政府通过平台向企业发放科技创新券，企业在平台上向科技中介服务机构购买创新服务时，用科技创新券抵扣一定比例的服务费用，科技中介服务机构将收到的科技创新券向政府兑现并获得一定的服务补贴。

3.4.7 长沙：多举措、多方位支持科技企业走好研发创新之路

增强企业科技创新能力，促进科技成果转化。长沙支持企业建立研发机构、研发准备金制度以及以人才引进、技术引进、合作研发、研发外包等方式开展国际科技合作与交流。鼓励规模以上工业企业建立和完善企业研发机构，支持有条件的企业联合高校、科研院所建立区域或行业创新平台。对新认定的国家级、省级、市级科技创新平台分别给予 200 万元、100 万元、50 万元经费支持，对新批准设立的企业院士专家工作站和博士后科研工作站，最高给予 100 万元支持。

构建科技企业发展梯队，加大对科技成果转化的投入。长沙从已备案的

科技型中小微企业中认定科技创新"小巨人"企业，每年对认定的科技创新"小巨人"企业予以研发经费补贴，最高 10 万元，并且优先推荐科技创新"小巨人"企业申报国家、省级科技计划项目，对其承担的市级科技计划项目加大支持力度。在同等条件下，市科技局对高新技术企业加大支持力度，每年对认定的高新技术企业给予一定的研发经费补贴，同时加大高端科技企业引进力度，形成高端科技型企业集聚效应和先进科技成果溢出效应。

拓宽科技企业融资渠道，落实科技企业税收优惠政策。一方面，长沙充分引导市科技创新基金对科技型企业提供投融资支持，鼓励科技企业通过债券融资工具进行融资，鼓励、支持符合条件的科技型企业通过境外发债等国际融资方式募集资金。另一方面，长沙贯彻落实高新技术企业税收优惠政策和企业研发投入加计扣除政策，国家对符合条件的孵化器的房产税、城镇土地使用税以及增值税优惠政策等，进一步降低创新成本。

3.4.8　重庆：构建开放通融的创新创业生态，引导科技企业与平台高质量发展

加快培育引进创新主体，夯实高质量发展微观基础。重庆接续实施科技型企业培育"百千万工程"，综合运用科技创新券、研发费用加计扣除、研发投入增量补助等普惠性财税政策，强化科技金融、科技孵化等创新综合服务，加快培育引进以高技术性企业和高成长性企业为重点的科技型企业。同时，重庆还培育引进高水平研发机构，深入实施"重庆市与知名院校开展技术创新合作专项行动"，采取平台专项支持、融资对接服务等措施，与国内外知名企业、高等学校、科研院所等开展合作，引进培育一批新型研发机构。

优化提升科技服务平台，统筹推进科技成果转移转化。高质量建设国家自主创新示范区，着力集聚高新技术企业、高端研发机构、高层次人才等创新资源。同时，研究制订技术转移体系建设方案，在高校和科研院所布局建设专业化技术转移机构，并引进国内外知名技术转移机构来渝设立分支机构。

构建开放协同创新体系，拓展科技开放合作的广度和深度。2016年，重庆颁布《重庆市科技资源开放共享管理办法》，以开放的视野谋划创新，积极融入全球创新网络。与"一带一路"沿线国家加强科技交流和合作，支持科研机构和企业以多种方式在市外设立研发中心，深度参与全球创新合作，就近利用国内外创新资源。

3.4.9 常州：依托科教城不断探索产学研合作之路

以科教城为中心，同步发力教育与创新。常州依托常州科教城的高教园区与科技园区，在教育与创新两方面同时发力。既通过高教园区高举高职教育大旗，建设一流的应用型人才培养高地，也通过科技园区不断探索与知名大学大院大所协同创新的产学研合作模式，促进区域创新不断发展。

建设科技成果转移转化中心，提供多样化的科技服务。位于常州武进区的科技成果转移转化中心以苏南国家自主创新示范区建设为契机，发挥高校院所科技创新资源优势，整合高校技术转移转化中心专业服务资源，建立专业的技术转移转化服务团队和技术交易公共服务平台。为企业科技创新提供知识产权、科技信息、技术经济、科技金融、科技咨询等综合服务，促进高新技术成果落地转移转化。

注重公共平台，大力推动平台升级。由于常州的大学大院大所较少，科技创新资源匮乏，更需要通过做优做强各类平台，推动创新要素集聚，增强对产业发展的引领带动作用。加快健全平台体系，积极鼓励和引导民营企业、社会资本参与孵化器、加速器建设，支持企业建立重点实验室、研究院、技术研究中心等研发机构。此外，为促进新型产业的进一步发展，按照技术服务平台向产业孵化平台转变的发展模式，加快石墨烯、新能源汽车等产业从研究院向产业发展公司升级。

强化高新技术企业培育力度，做好对接和相关服务工作。对纳入省高新技术企业培育库、首次认定、再次认定三种情况的高新技术企业，分别给予不同金额的奖励。重点关注"龙城英才"计划引进设立的初创型企业、省外高新技术企业在常州设立的具备独立法人资格的科技型企业，形成"挖掘一批、培育一批、推荐一批、认定一批"工作态势。对纳入省高新技术企业培育库的企业，进行"一对一"跟踪诊断和服务，并推出一批高水平的科技企业孵化器、专利事务所、科技咨询服务机构等，指导纳入省高新技术企业培育库的企业尽快补齐高新技术企业认定的短板。

3.4.10 合肥：以强大基础科研能力，建设综合性国家科学中心

打造创新技术平台，以基础科研抢占创新制高点。加快建设大科学装置集中区，加强前瞻性基础研究和关键核心技术攻关。磁约束核聚变、铁基超导、类脑科学、生命科学、生物育种、空天科技等一大批从"0"到"1"，具有世界领先水平的原创科技竞相涌现。此外，合肥加强与一流高校院所合作，围绕产业需求加速建设中科大先研院、合工大智能院、哈工大机器人等21家"政产学研用金"一体化新型研发机构，为原始创新提供源源不断的源头活水。通过与高校院所的深入合作，着力实现产学研合作由短期化、松散化、单项化向长期化、系统化、实体化转变，充分发挥科技资源集聚和整合功能。

打造科技服务平台，打造一体化链条服务。建成运行全国首个以"创新"为主题的场馆——安徽创新馆，形成线上线下互动的科技大市场，集中展陈代表安徽最新创新成就的高科技产品。着力建立"众创空间—孵化器—加速器—产业基地"全生命周期创新链，为广大创新创业者提供广阔的展示舞台。截至2019年年底，全市培育科技企业孵化器68家，备案众创空间88家，加快实现从团队孵化到企业孵化再到产业孵化的全链条、一体化服务。

强化科技企业梯队培养机制，引导创新要素集聚。建立健全"科技型中小企业—国家高新技术企业—高成长企业"梯队培育机制。全市平均每天净增的国家高新技术企业数由"十三五"初的0.8户提高到"十三五"末的2.2户。为加快提升企业技术创新能力，组建首批10家合肥市技术创新中心，引导各类创新要素向企业集聚，全市专利、技术合同交易等指标中企业占比已达七成以上。

3.5 创造产出发展经验

根据创造产出指标的评价结果，南京、武汉、上海、杭州、成都、合肥、长沙、芜湖、镇江、无锡位列前十。

3.5.1 南京：用产业的思维抓创新，助力科技自立自强

依托绿色创新发展指数中创造产出维度的评价体系，南京凭借 112.72 的评价结果在所有城市中高居榜首。

用产业的思维抓创新，创新链深度融合产业链，把科技成果转化为具体的增长点，建设创新名城。南京新研机构探索出新的发展模式，人才团队持大股，职业经理人负责打理，实现从"0"到"1"再到"N"的产业化裂变，一头连着科研院所的顶级研发成果、创新资源，一头连着市场、资本，凭借独特的体制机制优势，成为独树一帜的高科技抗疫"小分队"。用产业的思维抓创新，南京还重点做好"三棵树"文章，将传统的招商引资体系、思路和办法，有机嫁接运用到创新项目和企业的引进培育上，打造枝繁叶茂的"科创森林"。

秉持"共创、共享、共赢"的理念，助力科技自立自强和产业质效提升。南京自 2019 年起已连续三年开展创新周系列活动，促进科技创新的成果转化。南京以习近平总书记视察江苏重要指示为遵循，服务助力构建新发展格局，打造创新驱动发展增长极，链接全球创新的力量，构筑有温度的创新沃土，增强全民创新的获得感。2019 年首届南京创新周活动以"创新南京，机会无限"为主题，以"共创、共享、共赢"为理念，以"未来更智能"为主线，通过举办系列高峰论坛，推动创新思想交汇碰撞，打造南京版的"创新发展达沃斯"；举办系列创新创业大赛，打造南京版的"双创奥斯卡"；广泛发动全市各区、各高校院所、各单位，举办丰富多彩的双创活动，打造南京版的"创新创业活动罗马广场"。2021 年南京市委一号文件提出实施"科技创新 + 场景应用"行动，全年打造 1000 个应用场景。创新周期间，各板块开

展了形式多样的应用场景发布活动。

3.5.2 武汉：科技创新，积极推动研究院建设，遵循"科学＋科学家＋创新生态"的核心内涵

科教资源丰富，创新禀赋优越。截至 2021 年 5 月，武汉有 92 所高校、29 个国家重点实验室，依托丰富的科教资源平台的同时，着力推进创新驱动、人才支撑，建设一批国家制造业创新基地、大科学装置。支持武大、华科大等高校"双一流"建设。大力推动招才引智，从 2017 年开始，武汉启动"百万大学生留汉创业就业工程"：买房租房打八折、落户仅靠一证、近 500 家企业带头落实大学生最低年薪标准……涵盖落户、安居、创业等力度空前的举措出台，释放出吸纳人才的"武汉引力"，力争 5 年内将 100 万名大学生留在武汉。

积极推进产业创新研究院建设。引导社会力量建设多元主体新型研发机构向湖北东湖科学城集聚，构建科技成果转化支撑平台，促进"政产学研金服用"一体化高效协同。建设科技成果转化公共服务平台，鼓励高校院所、新型研发机构、企业组建科技成果概念验证中心、中试熟化基地，完善科技成果转化社会服务体系。2020 年 12 月召开的中国共产党武汉市第十三届委员会第十次全体会议审议通过了《中共武汉市委关于制定全市国民经济和社会发展第十四个五年规划和二〇三五年远景目标的建议》，提出紧紧咬住建设国家科技创新中心的目标，明确打造"一中心、三高地"：创建东湖综合性国家科学中心，打造产业创新高地、创新人才集聚高地、科技成果转化高地。

明确要求高标准建设以湖北东湖科学城为核心的光谷科技创新大走廊，全力扛起科技自立自强新使命。遵循"科学＋科学家＋创新生态"的核心内涵，统筹产业链、创新链、人才链，强化以国家战略科技力量为核心的区域创新发展引擎功能，构建以科学价值、技术价值创造功能区为"弓"，以经济价值、社会价值创造功能区为"箭"，以科学、技术、经济、社会价值融合创造功能区为支点的"弓箭型区域创新发展"功能布局。

3.5.3 上海：具有全球影响力的国际金融中心，引导各类创新主题加强协同创新

上海是中国重要的经济中心城市。上海正致力于打造具有全球影响力的科技创新中心和国际经济、金融、贸易、航运中心。上海综合实力较强，产业结构合理，具有基础设施一流、科教文卫发达、开放程度较高、国资实力雄厚等特点。

激发各类创新主体活力。让各类主体有获得感，2019 年 3 月上海出台"科改25条"，根据不同创新主体功能定位和使命要求，扩大高校、科研院所和医疗卫生机构自主权，壮大企业技术创新主体，瞄准世界科技前沿领域打造国家战略科技力量，大力发展新型研发机构，引导和支持各类创新主体加强协同创新，加快推进分类管理改革，推动实施章程管理，构建完善主体多元、开放协同的科研力量布局和研发体系，形成各类研究机构优势互补、合作共赢的发展格局。坚持培养和引进并举，改革优化人才培养使用和评价激励机制，让真正具有创新精神和能力的人才名利双收，营造人才近悦远来、各尽其才的发展环境。

前瞻立法是制度创新的重要支点。2020 年 5 月，上海正式实施《上海市推进科技创新中心建设条例》，作为科创中心建设的"基本法""保障法""促进法"，该条例着力将"最宽松的创新环境、最普惠公平的扶持政策、最有力的保障措施"的理念体现在制度设计中，加大了对各类创新主体的赋权激励，保护各类创新主体平等参与科技创新活动，最大限度地激发创新活力与动力。该条例与上海"科创22条""科改25条"以及其他配套政策，构建起了门类齐全、工具多样的科技创新政策法规体系。

3.5.4 杭州：以创新为核心，加大对科技型企业的培育力度，完善创新创业服务体系，提升创新环境

坚持把创新作为引领发展的第一动力。杭州以建设具有全球影响力的"互联网＋"创新创业中心为目标，以培育发展"国高企"为核心，提升高

新技术产业投资强度，推进产业向高新化发展，实施产业链、创新链、资金链、人才链的深度融合，努力构建全域创新格局，不断厚植创新活力之城特色优势。杭州按照"国高企"的认定标准，遴选一批自主创新能力强、市场前景好的高成长型科技企业纳入"国高企"培育库。建立杭州"国高企"培育认定统计监测制度，根据知识产权、研发费用占销售收入比重等指标发掘基本符合申报条件的企业，并结合企业所得税纳税情况筛选具有申报意愿的市级高新技术企业和科技型中小企业，纳入"国高企"培育库，进行跟踪对接、主动服务。同时鼓励科技中介机构开展服务，提高科技中介机构的服务能力，定期对其服务质量进行评选，对工作成效特别突出的机构予以表彰。

择优扶持做强一批高成长科技型企业。加大省科技型中小企业的培育力度，每年新增1300家以上；深入开展市科技型初创企业培育工程，每年评审认定不少于600家。在无偿资助、创业服务、融资担保等方面给予政策支持，扶持其快速成长为"国高企"或"独角兽"企业。加大技术创新投入，推进传统制造业技术改造和转型升级，确保每年分别有80家以上规上传统制造业企业和100家以上规下传统制造业企业申报认定为"国高企"。充分发挥杭州海外协同创新中心等平台作用，鼓励有条件的区、县（市）到国外创新集聚区设立科技企业孵化器，支持海外优秀科技人才携带高新技术项目来杭州落地创办科技型企业。鼓励企业引进国外先进技术消化吸收再创新，并购海外企业和研发机构，吸纳国外高层次科技人才。充分发挥浙商的各方面优势，支持浙商利用并引进海外优质科技资源和人才到杭州创办科技型企业。

加快完善创新创业服务体系。完善创业投资引导基金管理办法，发挥财政资金的引导和杠杆作用，加大对重点产业领域的支持力度，促进优质资本、项目、技术和人才集聚。扩大对科技型企业担保的范围、规模和补偿力度，完善科技型企业融资周转基金政策。引导和鼓励民间资本投资支持科技型企业的创新发展。到2020年，力争市本级创投引导基金规模达30亿元、天使投资引导基金规模达10亿元，逐步扩大科技担保资金规模，高水平建设市海外协同创新中心。充分发挥浙江·杭州国际人才交流与项目合作大会、中国杭州西湖国际博览会、世界杭商大会、云栖大会、2050 大会等平台的聚才作用，引进一批具有影响力的人才来杭创新创业。支持各区、县（市）政府和社会组织举办各种类型的创新创业活动。每年市本级认定具有重大影响力的创新创业"品牌活动"10 项。

3.5.5 成都：按照"一核四区"空间布局，构建"科创空间 + 专业化运营队伍 + 创新创业载体 + 创新服务平台 + 科创基金"的创新综合服务体系

高标准建设中国西部科学城。成都按照"一核四区"空间布局，推动成都科学城与新经济活力区、天府国际生物城、东部新区未来科技城、新一代信息技术创新基地联动发展，辐射带动产业功能区高质量发展。成都以硬核科技带动产业发展，构建开放型产业生态圈创新生态链，梳理分析集成电路、智能制造、航空航天、生物医药等重点领域的产业链、技术链、创新链"薄弱缺"环节，实施补链强链专项行动计划。同时，支持建设集成研发设计、金融服务、供应链保障等功能性综合服务平台，按照平台项目实际投入的30%，给予最高 300 万元一次性补助。鼓励龙头企业整合集成产业链上下游企业、高校院所和技术创新联盟等实施产业集群协同创新，给予最高不超过1000 万元补助。

为创新企业配置最有效的资源要素。成都构建"科创空间 + 专业化运营队伍 + 创新创业载体 + 创新服务平台 + 科创基金"的创新综合服务体系。2020 年 6 月发布《全面加强科技创新能力建设的若干政策措施》，从载体建设、主体培育、人才激励、环境营造等方面推出 18 条创新举措，综合运用搭平台、给机会、给资助、建机制等措施，全力激发和释放高校、院所、企业、人才等各类创新主体的积极性、创造性，加速产业转型升级和新旧动能转换，助推建设全面体现新发展理念的城市。为激励人才创新，成都赋予科研人员更大自主权，建立重大科技项目、重大关键核心技术攻关"揭榜挂帅"制度，科研项目经费"包干制 + 负面清单"制度。在研究方向不变、不降低考核指

标的前提下，允许科研人员自主调整研究方案和技术路线，自主组织科研团队，由项目牵头单位报项目管理专业机构备案。

3.5.6 合肥：中科大和物质科学研究院等为原始创新提供不竭动力，开展应用基础研究，推动科技成果转化，培育壮大科技企业

合肥是个年轻的省会城市，科教资源并无先天优势。中国科学技术大学，中科院物质科学研究院，原电子工业部 16 所、38 所、43 所等高校院所的相继迁入，为合肥的创新"蝶变"打下了坚实基础。紧跟时代发展，借助"城校共生"的"姻缘"与"省院合作"的契机，这些实力雄厚的高校院所，不断为合肥的创新之路注入新的活力。自 2017 年获批建设综合性国家科学中心以来，围绕信息、能源、健康、环境等领域，合肥开展的一大批重大创新平台和工程建设，不断取得突破。合肥已成为我国大科学装置较为集中的城市之一。目前，已建成稳态强磁场、同步辐射、全超导托卡马克三个大科学装置，正在建设聚变堆主机关键系统综合研究设施。此外，还将建设高精度地基授时系统和未来网络实验设施等多个大科学装置。这些大国重器将为原始创新提供不竭动力。

集中力量推动"科技项目攻关、科技成果转化、科技企业培育"，加快建立以企业为主体、市场为导向、产学研深度融合的技术创新体系。集中攻关：围绕重点产业开展任务导向型应用基础研究，实施首批市自然科学基金项目 50 项、支持资金 500 万元，着力提高关键领域自主创新能力。面向关键共性技术研发，获批立项省重点研究与开发计划项目 13 项。集中转化：实施推动科技成果转化三年攻坚行动，出台专项扶持政策，举办"政产学研用金"专项对接会，搭建供需对接平台，征集企业技术需求 177 项，发布高校院所最新应用型成果 300 项。成功承办首届中国（安徽）科交会，集中展示 487 项最新重大科创成果、组织 88 项成果挂牌交易。集中培育：培育壮大科技企业，提升企业创新能力和意愿，制定企业研发费用补助政策，引导企业加大研发投入。持续优化企业服务保障，开展"四送一服"专项行动。

3.5.7 长沙：率先发布智能制造相关行动计划，全面升级人才服务 保障体系，优质的政策服务营造创新创业良好生态

抢抓重大机遇，助推经济高质量发展。在新一轮科技革命和产业变革中，长沙抢抓"中国制造2025"和"互联网＋"行动计划的重大机遇，在全国率先发布智能制造相关行动计划，大力推进产业数字化、网络化、智能化，稳步开展智能制造试点示范项目建设，助推经济高质量发展。智能制造试点示范企业实现园区全覆盖，形成了一批各具特色的产业示范园区，推动产业聚集式发展。其中，长沙高新区形成了以先进装备制造和移动互联网产业为主的创新示范，长沙经开区形成了以工程机械和汽车为主的创新示范，望城经开区形成了以新材料和电子信息产业为主的创新示范，宁乡经开区形成了以安全食品和智能家电为主的创新示范，浏阳经开区形成了以电子信息和生物医药产业为主的创新示范。

统筹推进各类人才队伍建设，聚力打造创新创业人才高地，全面激发社会创造活力。长沙于2017年6月发布《长沙市建设创新创业人才高地的若干措施》，即"长沙市人才新政22条"，在加快引进培育、支持创新创业、创新体制机制等方面大胆探索，全面升级人才服务保障体系，优化人才子女入学和配偶随迁服务，提升人才医疗保障水平，用政策含金量构筑起集聚人才新资源的"磁场"。

长沙市人民政府在规划布局、政策引导方面发挥了积极作用。一是政府顶层设计高位推进。长沙市委、长沙市人民政府与中国电子共同成立了智能制造的顶层设计机构——长沙智能制造研究总院，通过"一企一策""一链一策"，给予智力支持和决策支撑。二是多项智能制造组合拳打响。近年来，长沙出台了"建设国家智能制造中心三年行动计划""工业新兴及优势产业链发展意见""科技创新1＋4""开放型经济2＋4""长沙工业30条""知识产权保护12条"等系列支持制造业发展的政策文件。"两化融合"等部门性管理政策中突出对智能制造的有效支撑，聚焦培育和聚集一批高水平智能制造服务提供商，推进全市企业智能化技术改造系统解决方案设计和推进智能制造

生态体系建设。三是良好营商环境助力企业发展。长沙迅速落实细化实施细则，创新行业管理和审批办法，切实转变管理职能，进一步提升政府部门服务水平，优质的政策服务在引进来、走出去，营造创新创业良好生态上再创优势。

3.5.8 芜湖：针对三大产业采取相应的科技转型策略，完善科技金融服务系统

实施产业升级工程，增强产业竞争能力。针对三大产业采取相应的科技化转型策略。对于制造业，着重提升制造业创新能力。围绕首位产业和战略性新兴产业，在原材料、关键零部件、控制系统等领域，搭建公共技术研发平台，组织技术攻关，提供技术支撑。对于服务业，综合运用数字技术、网络技术、信息技术，优化发展环境，推动现代物流、金融、文化创意、服务外包、旅游等现代服务业发展。大力发展研发设计、成果转化、科技金融和科技咨询等科技服务业，积极发展电子商务、网络经济等新兴服务业，促进创新要素、资源向科技服务业集聚。在农业方面，加快智能农业装备研发制造和运用，提高农业生产全程机械化水平。促进农艺农机与物联网技术的深度融合，打造精准农业物联网应用示范基地。

实施科技金融结合工程，增强金融支撑能力。完善科技金融服务体系。探索建立科技银行，开发科技金融产品，拓宽科技型企业融资渠道。发展科技融资担保、科技保险等金融服务，探索建立科技贷款风险补偿和奖励制度、科技担保风险补偿和再担保制度。健全金融中介服务体系，为企业提供科技投融资、信息交流、咨询服务、资本市场服务等一站式服务，实现创业创新活动与市场的无缝对接。鼓励保险机构建立自主研发国产首台（套）装备保险机制，开展科技保险试点。设立天使基金，通过跟进投资等方式，吸引更多的民间资本，加大对创新型初创企业的支持力度。积极发展风险投资、金融租赁等融资渠道。深化科技企业与金融机构的合作，开展多元化融资培训，组织银企对接活动，引导金融机构加大对科技型中小企业的信贷支持。鼓励金融机构开展企业产权、股权、存货、应收货款、知识产权等质押贷款，开

展高新技术企业信用贷款试点。

3.5.9 镇江：多方共建产学研深度融合"生态圈"，为镇江高质量发展注入强劲动能

镇江新区推动条块深度融合，实现目标同向、利益共享、责任共担。一是招商与板块任务绑定，专业招商局下沉到板块，由园区板块牵头主导，招商队伍专业攻坚，如大港街道与招商一局2020年全年合力招引亿元项目达20个。二是机关与基层指标绑定，部门考核与板块绩效挂钩，一荣俱荣。三是网格与部门责任绑定，形成"网格吹哨、全体报到"的联动机制，在项目招引、企业服务中齐上阵、同频跑。镇江新区新组建两个科技招商局，设立创新发展产业基金，江苏省产业技术研究院国际研发社区落户，推动各类创新要素和人才资源加速集聚。同时，充分发挥考核指挥棒作用，增加科技创新考核权重，大力培育高新技术企业。

营造好人才生态，让"近者悦、远者来"。2016年起，镇江重磅推出"金山英才"计划，3年吸引约2400人有效申报和来镇创新创业，其中包括5名院士、54名国家级人才。镇江市级财政拿出1.8亿元支持人才创新创业。持续优化营商环境，镇江秉持一个重要理念：对待企业要做到有求必应、无事不扰。为避免对企业多次打扰，镇江开展项目"回头看"、进企送服务、为企解难题"三合一"活动。镇江打造最优人才发展生态环境，推动人才领域"放管服"改革，线上开通"人才镇江"综合服务平台，线下设立人才公共服务窗口，最大限度地满足人才办事需求，加快实现一窗受理、一网通办、一站办结。与此同时，在镇江新区试点打造"15分钟人才生态圈"，在全市新建、租赁2000余套人才公寓，全方位、多层次、宽领域营造"近者悦、远者来"的人才发展生态。

3.5.10 无锡：建设国际科技创新中心和综合性国家科学中心，推动产业数字化智能化改造

数字经济赋能实体经济倍数增长。2020年无锡数字经济核心产业规模以

上企业营业收入超过 5500 亿元。随着《无锡市工业互联网和智能制造发展三年行动计划（2020—2022 年）》出炉，以制造业数字化、网络化、智能化为主线，加强创新体系建设，发展模式业态创新，致力于构建完善的智能制造生态，无锡推动企业提升智能化的动作趋于频繁。迈入"十四五"时期，无锡明确提出打造包括物联网在内的 10 条地标性产业链，形成若干世界级先进制造业集群，并在每个重点产业拥有 3～5 家千亿级市值上市公司。

产业链与创新链的"双生"布局，围绕创新链布局产业链，围绕产业链布局创新链。2020 年，一个致力提供产业链协同服务、快速补强产业链核心节点的"集成电路创新服务平台"在位于太湖湾科创带核心区的无锡国家集成电路设计中心建成启用。以约占无锡 1/10 的面积，创造出超全市 1/3 的高新技术产业产值，培育出以新一代信息技术、生物医药为代表的新兴产业集群，物联网、集成电路等细分产业领跑全国，围绕太湖湾科创带，"科创 + 产业"的组合拳频频出手。同年，无锡物联网创新促进中心以"第三方身份"在与企业、院所、高校合作中扮演创新"经纪人""服务商"角色，与 12 家龙头企业、科研院所共建 6 个技术创新基地，与华东理工大学、同济大学等共建 4 个联合实验室，与信通院、飞谱电子等共建 6 个联合创新平台，被工信部赞誉为"无锡模式"。

3.6 绿色经济发展经验

根据绿色创新发展指数中绿色经济指标的评价结果，长江经济带全部城市中排名前十的城市分别为镇江、扬州、上海、泰州、湘潭、合肥、株洲、宜宾、自贡、衡阳。

3.6.1 镇江：首创"四碳"，制定明确的管理策略，构建生态循环农业模式

在全国首创以碳平台为基础，以碳峰值、碳考核、碳评估和碳资产管理为核心的碳管理体系。依托低碳城市建设管理云平台，镇江在全国率先创立

城市"四碳"创新机制，通过实施产业碳转型、项目碳评估、区域碳考核、企业碳管理的手段，强力推进低碳发展，取得了显著的成效。

针对区域内重工业密集、能源消耗过高的现状，制定精细化管理策略。从区域角度来说，主要以推动西部片区为主，内容上引导传统化工向新材料、精细化、清洁化方向发展，引导建材产业发展节能环保和新型产品，引导冶金产业兼并重组，优化产业结构，以推动这些传统产业向高附加值产业转型。

明确国土空间管制目标，构建生态安全格局。自获批为国家级低碳试点城市以来，镇江在全省率先编制了《镇江市主体功能区规划》，构建农业生态安全格局及生态循环农业模式。镇江的产业结构以重工业为主，农业一直以现代化和集约化为发展方向，并致力于推动和完善现代农业园区建设，为保持水土、生物栖息、生态物种稳定提供了有利条件。

3.6.2 扬州：打造生态宜居城市，整合旅游资源，促进产业集群发展

主动融入长三角，积极打造特色生态宜居城市，保护与发展并重，加快推进新型城镇化。扬州地处长三角区域，作为南水北调东线源头城市，承担着重要的生态保护责任。扬州重点发展汽车、机械、旅游、建筑、软件和互联网、食品工业等与城市生态宜居特质相契合的基本产业，通过产业结构调高、调优、调轻、调绿，促进经济发展转型。

结合其优势旅游资源，重点培育现代服务业，促进产业集群化发展。扬州通过构建旅游产业、餐饮产业、沐浴产业相结合的发展模式，实现产业结构的升级换代，如以每年的"烟花三月"国际经贸旅游节为对外展示扬州的契机，强化旅游、沐浴行业协会功能，充分挖掘保护传统服务的技艺等。

3.6.3 上海：作为长江经济带经济最发达、资源配置能力最强的城市，各子指标发展均衡，领先优势明显

上海作为中国最大的经济中心城市，高质量发展水平稳居全国前列。《上海市城市总体规划（2017—2035年）》提出了建设更可持续的韧性生态之城

的目标，明确指出上海必须致力于转变生产生活方式，推动绿色低碳发展，成为引领国际超大城市绿色、低碳、可持续发展的标杆。作为长三角地区的引领城市，上海在低碳发展实践区、低碳社区、绿色制造体系等试点工作领域建立了良好示范，国家级和市级共16类示范创建工作初见成效。

已基本实现传统高污染产业的替代和转移，节能降耗工作进展良好，产业结构和能源结构低碳转型成效显著。主要用能行业能源利用效率明显提高，主要耗能产品单位能耗水平全面下降。根据上海相关统计数据显示，上海的工业企业数目以及第二产业的比重一直在下降，产业结构重心向现代服务业和战略性新兴产业为主的第三产业转移，这也有力地保证了上海在推进城市化过程中的绿色低碳发展模式。

3.6.4 泰州：推进大健康产业集聚，突出打造"健康名城"和制造强市

突出健康产业发展，重点打造"健康名城、幸福泰州"名片。泰州地处长江三角洲中部，具有优越的沿江投资开放环境，是经典新兴工业城市，以"中国医药城"为核心。在已有"中国医药城"及健康产业基础上，泰州重点建设精准医疗、健康疗养、健康食品、健康旅游四条大健康融合发展产业链，突出打造医药地标产业。

聚力创新发展，加速推进制造业智能化、绿色化转型。泰州通过制订三大先进制造业集群实施方案，规划"两区一带多点"产业布局，围绕产业基础高级化、产业链现代化，建设长三角特色产业创新中心和先进制造业基地。

3.6.5 湘潭：以产业绿色转型助推老工业城市更新升级，加快高新技术产业发展

作为南方重要工业基地，以传统优势工业转型升级为重点，不断优化产业结构，为老工业城市转型提供了优秀样本。作为湖南副核心城市，湘潭一方面大力助推黑色冶金、精细化工、机电、纺织等传统工业的优化升级，另一方面努力培育风力发电机制造业、生物制药等高新技术产业和旅游等第三

产业，建成新型的制造工业中心。《湘潭市低碳发展规划（2018—2030年)》指出，要围绕打造"智造谷"和汽车城、军工城、文创城"一谷三城"，推行市级领导担任"链长"、核心企业担任"盟长"、银行"行长"联系产业链和产业联盟的联动工作机制，推进产业结构优化与技术提升。

率先将质量发展与生态文明建设有机融合，用具体的量化指标规定了绿色发展过程中的质量要求。通过对以质量基础、质量监管、质量提升为重点的质量要素和质量要求进行标准化规范，在绿色发展中强化质量支撑，为建设资源节约型、环境友好型社会提供了理论支撑。

3.6.6 合肥：依托区域科技创新资源以及促进低碳发展的政策，低碳化发展趋势明显

在能源资源相对匮乏的背景下积极推动能源结构优化，不断扩大可再生能源规模，逐步优化能源结构。合肥有序推进"煤改气""油改气"，同时在天然气发电、天然气化工、天然气工业燃料利用效率方面取得了积极进展。合肥域内无油无气、缺电少煤，可利用的可再生能源仅有太阳能、生物质能、地热能等几类，属于资源输入型城市。长期以来，尽管煤炭能源作为合肥主要能源的地位并未改变，但是可再生能源比重不断增长。截至2019年年底，合肥可再生能源发电装机容量占发电装机总容量的32.8%，可再生能源发电量占总发电量的12.1%。

科教资源丰富，研发实力雄厚。科技孵化基地众多，以新能源汽车为代表的低碳产业已成功将科技优势转化为产业优势，创新科技引领高质量发展趋势更加明显。合肥为国家级两化融合试验区和电子信息国家高技术产业化基地，其先进的产业技术和雄厚的科研基础，为推进低碳城市建设提供了重要的技术支撑。

3.6.7 株洲：大力实施"创新驱动转型升级"战略，推动新旧动能转换

大幅退出旧动能，加快培育新动能。中国动力谷加速崛起，推动新旧动能

转换，扶持了一大批新兴产业。株洲创造性推行链长制、产业协会、企业联合党委"三方发力、同频共振"的工作机制，17个产业链加速壮大。2020年，株洲新能源（风电）、电子信息、新材料产业分别增长618%、22.7%、28%。

突出交通先行，积极构建"两型交通"体系，低碳建设领跑全省。通过推广低碳交通科技，株洲不断提高科技能力与水平，建立各种交通运输方式的智能化管理系统，积极推进新技术在交通运输装备、交通运输设施方面的应用。凭借推行清洁能源汽车和公共自行车租赁系统，株洲大幅降低了交通部门碳排放。

3.6.8 宜宾："长江第一城"，在长江上游生态屏障建设和长江经济带建设中发挥着重要作用

加快壮大新能源汽车等高端成长型产业。宜宾严格按照工业绿色发展规划要求，大力发展新能源、新材料等新兴产业，借此助推经济高质量增长。目前宜宾已汇聚了一批以宁德时代、凯翼汽车等企业为代表的新兴产业群，农业科技园区积极打造绿色产业园区，为构建绿色制造体系，推动全市工业经济绿色转型奠定良好基础。

加快白酒、化工等占有率高的重要产业进行绿色化改造。宜宾广泛运用固体废物分类处置及资源化利用等技术，加快白酒、化工等具有较高市场占有率的重要产业进行绿色化改造和提质增效，促进资源高效利用和产业结构优化升级。2019年，全市共有五粮液、海丰和锐等4家企业获得"省级工业资源综合利用基地（园区）、企业"称号。

积极培育绿色示范单位，发挥引领作用。宜宾带动上下游企业健康发展，实现全产业链和价值链的绿色化发展。截至2022年10月，宜宾共建成了五粮液集团、天原集团、丝丽雅集团等国家级绿色工厂10个、国家级绿色设计产品26种、省级绿色工厂21个，在全市工业体系内有效发挥了示范作用。

3.6.9 自贡：增强生态支撑力，构建绿色生产生活体系

全面构建绿色低碳可持续发展体系，绿色发展不断深入。"十三五"期

间，自贡成功创建 1 个国家级绿色工业园区、1 个国家级绿色工厂、3 个省级绿色工业园区、6 个省级绿色工厂，逐步构建现代工业体系。

坚持生态优先绿色发展，大力发展新兴产业。自贡通过大力发展节能环保装备制造、新材料、航空与燃机、生物医药、新能源等六大战略性新兴产业，产业结构日益优化，为承接东部产业转移提供了有力的支撑。

3.6.10 衡阳：建设现代产业强市，加快绿色经济发展步伐

注重产业平台建设，发展差异化产业。衡阳是全国 26 个老工业基地之一，产业基础雄厚。作为湘南地区中心城市，衡阳已有白沙洲工业园区、松木经开区、衡阳高新技术开发区以及衡山科学城等园区。根据自身产业结构和发展方向，4 个园区分别有自身的产业平台，在先进制造、化工新材料、高新技术、新一代信息技术等领域发力，形成体系化、差异化、特色化发展。

牢固树立新发展理念，以供给侧结构性改革为主线，加快调整产业结构。衡阳通过打造绿色供应链，推动钢铁、水泥等重点行业超低排放，实施节能监察执法和节能诊断服务"双轮驱动"，促进产业结构、能源结构、消费结构进一步低碳化。

3.7 生态环境发展经验

根据绿色创新发展指数中生态环境指标的评价结果，长江经济带全部城市中排名前十的城市分别为丽水、黄山、临沧、怀化、普洱、丽江、保山、赣州、景德镇、张家界。

3.7.1 丽水："九山半水半分田"，是全省最重要的绿色生态屏障，以生态旅游业作为战略性支柱产业，在生态环境保护和治理领域取得较好成效

以建设诗画浙江大花园最美核心区为载体，全力打造生态文明建设新典

范。通过提升治理能力和治理水平，加快实现从天生丽质向治理提质转变、从生态颜值向经济价值转变、从产品直供向模式提供转变。在已有较高环境质量的基础上，丽水进一步把生物多样性作为生态治理成果的检验标准，打造生物多样性保护国际标杆。2021 年，丽水在全省范围内率先编制了《丽水市生物多样性保护与可持续利用发展规划（2020—2035 年)》，划定了丽水 17 个生物多样性保护优先区域，制订了 10 大优先领域 33 个优先行动，设置了 30 多个重点项目，提出了近、中、远三期目标。

以旅游业为工作核心，着力运用"微改造、精提升"。市、县联动，聚焦重点，全力推动生态旅游业高质量发展。在《丽水市旅游业"微改造、精提升"五年行动方案（2021—2025 年)》的指引下，丽水着重运用艺术引领、传统复兴、红色赋能三种手段，聚力打造共同富裕山区模式。目前丽水市、县两级已全部完成行动方案的制定和发布，截至 2021 年 8 月，全市已开工"微改造"项目 421 个，完成投资 4.79 亿元，完成示范点 126 个，完成率均已超过 60%。2020 年，全市共有 4A 级以上旅游景区 24 家，其中 5A 级旅游景区 1 家。

3.7.2 黄山："八山一水一分田"，各项生态指标稳居全国前列，"新安江模式"值得复制推广

致力于建设高水平新安江—千岛湖生态保护补偿试验区。通过实施生态补偿民生工程，环境治理效果显著，达到考核要求。2019 年，黄山积极实施新安江流域生态补偿机制"十大工程"（排污权管理工程、公众参与工程、开发区发展工程情况、城市污水治理工程、化肥农药替代工程、绿色特色农业发展工程、农村环境整治工程、畜禽规模养殖提升工程、船舶生活污水上岸工程和河长制林长制提升工程)，2020 年各项工程均已取得阶段性成效。2020 年，全市共获得省级地表水补偿资金 1500 万元，在参与考核断面数量较少的情况下，所获补偿资金额度在全省排名第 5。生态环境部发布的国家地表水考核断面水环境质量排名显示，2020 年黄山城市水质指数在全国 337 个城市中排第 28 名，位居长三角区域第 1 名。

积极开展区域合作，签署《共建杭黄世界级自然生态和文化旅游廊道战略合作框架协议》。黄山已于 2018 年正式加入杭州都市圈，杭黄世界级自然生态和文化旅游廊道是对两地文旅资源的进一步整合和优化，是贯彻落实长三角一体化国家战略的重要举措，更是区域合作（皖浙两省合作）的一个重要载体，可以有效增强欠发达地区发展动能。两地已有"千岛湖—新安江大画廊"文化旅游综合开发项目，杭黄高铁开通后，杭州到黄山成为长三角地区首选的休闲度假旅游线，进一步释放了黄山地区旅游业的内在动能。

3.7.3 临沧：开放前沿、绿色之城、著名茶乡，推动绿色低碳发展，大力打造国家可持续发展示范区

高度重视生态环境保护，形成较为完整的政策体系。出台了《关于加快推进生态文明建设的意见》《关于加快临沧国家可持续发展实验区建设的实施意见》《关于建设森林临沧的决定》《临沧市七彩云南生态文明建设生态创建工程实施方案》《临沧市生态文明建设民族生态文化保护工程方案》等一系列精准实在的政策措施，为推动生态文明建设提供了科学依据和政策保障。

初步形成"生态建设产业化，产业发展生态化"格局。临沧高原特色生态农业发展势头较好，在实施好"森林临沧"建设的同时，按照"农业发展生态化、庄园化，工业发展绿色化、园区化，生态文化旅游业发展特色化、高端化"要求，依托退耕还林还草项目，大力发展生态产业，"生态建设产业化，产业发展生态化"格局初步形成。为进一步挖掘现代化农业潜在产能，临沧以特色农业、绿色农业、生态农业为基础，以环境友好型农产品加工业为支撑，以休闲旅游业为补充的绿色产业结构，不断延长产业链，通过三产融合加快绿色发展，向广大群众持续输送"生态红利"。2002 年至 2021 年 8 月，全市累计实施退耕还林还草 488.15 万亩，① 全市生态建设成效明显，退耕还林还草年均为森林覆盖率提升贡献 0.6 个百分点。在实施保护项目的同时，

---

① 1 亩≈666.667 平方米。

临沧注重生态林木种植与抚育，形成了"核桃＋茶叶""桤木＋茶叶""临沧坚果＋咖啡"等一大批生态产业，做大了经济增量，为全市兴边富民工作作出显著贡献。

旅游资源丰富，将生态文化旅游产业作为新兴支柱产业培育建设。临沧旅游资源丰富，依托旅游产业转型升级和国家"一带一路"倡议，以及云南省委、云南省人民政府"三张牌"战略和大滇西旅游环线的建设推进机遇，生态文化旅游产业作为新兴支柱产业培育建设情况良好。临沧有23个少数民族，少数民族众多，加上独特的地域文化，构成了多样化的人文旅游资源。北回归线穿境而过，临沧成为避暑避寒双适宜的度假养生休闲地，全年旅游业发展态势良好，2019年全市旅游收入340亿元，增幅位居全省第3。

3.7.4 怀化：打好"生态牌"，走好"产业路"，以文旅融合推进绿色发展

依托优质自然资源，以文旅产业为重点，协同推进乡村振兴与绿色发展。截至2021年，怀化已开展了两批次市级生态文明建设示范镇村评选，10个县市区的18个村镇先后获得命名。怀化以文旅融合发展、创建全域旅游示范区为抓手，大力发展生态文化旅游产业，有力推动疫情后文旅市场复苏，2020年全年接待游客5847万人次，实现旅游收入471亿元。

坚持实践创新，以多元实践激发生态文明建设社会活力。怀化大力发展农业，作为全国首批粤港澳大湾区"菜篮子"产品配送分中心，全市有粤港澳大湾区"菜篮子"生产基地61个、省级农业特色园区70个。怀化注重以农业品牌建设引领现代农业发展，新晃黄牛、黔阳冰糖橙、靖州杨梅、怀化碣滩茶获评湖南省2019年十大农业区域公用品牌。

3.7.5 普洱：明确"生态立市、绿色发展"战略，力求绿色生态福祉最大化

确立"生态立市、绿色发展"战略，产业培育取得重大成果。普洱国土面积4.5万平方千米，东南与越南、老挝接壤，西南与缅甸毗邻，保存着全

国近 1/3 的物种，生态环境优越，自然资源丰富。2020 年，已建成全国最大的云茯苓、白及、林下有机三七种植基地，现代茶园面积和茶产业综合产值全省第一，咖啡种植面积和产量全国第一，获有机认证企业和证书数全省第一，有机茶认证面积数、企业数、证书数全国第一。

重视生态文明建设，大力发展特色绿色经济产业。生态旅游方面，普洱相继建成了普洱国家公园、景迈芒景景区等一批旅游景点，建成 A 级景区 11 个，创建特色旅游小镇 4 个、省级特色旅游村 12 个、民族特色旅游村 7 个。2013 年，普洱获批建设全国唯一的国家绿色经济试验示范区，有力推动了普洱及云南乃至我国西部地区的生态文明建设、精准脱贫、绿色崛起的步伐。

3.7.6 丽江：积极开展制度创新，探索人与自然和谐共生的发展路径，建立"共抓大保护"的生态环境治理新机制

坚定走绿色可持续的高质量发展之路，大力发展生态产业。丽江因地制宜发展绿色经济，已经初步形成规模。截至 2020 年年底，全市特色水果种植面积 82 万亩，其中，杞果种植面积 39.7 万亩，软籽石榴种植面积 9.83 万亩，沃柑种植面积 6.9 万亩；中药材保有种植面积 25 万亩，特色优势品种滇重楼、云木香等标准化种植基地面积均超过万亩；蔬菜种植面积 30 万亩，马铃薯种薯生产种植 11.1 万亩，丽薯 6 号已成为全省冬作区薯农的首选品种。

高度重视生物多样性保护，通过建设生物多样性保护的管理实体来完善物种保护工作。2021 年，已基本建成以 3 个自然保护区、2 个国家级风景名胜区、7 个重要湿地、2 个地质公园等不同类型管理实体的生物多样性保护体系，开展了宁蒗彝族自治县拉伯乡加泽大山野生红豆杉资源挂牌管护、玉龙雪山省级自然保护区玉龙蕨种群监测和保护、老君山滇金丝猴巡护等项目，推进珍稀濒危物种保护工作。

以生态保护和修复、国土绿化、自然灾害防治等为重点，严格落实河湖长制，联动推动河湖保护治理向纵深发展，保证生态环境质量向好发展。"十三五"期间，丽江全面加强山水林田湖草一体化保护和修复，稳步推进国土

绿化，天然林资源保护，新一轮退耕还林还草、退牧还草等重大生态保护修复工程，生态系统质量不断改善，共完成营造林任务 279.06 万亩、义务植树 1306.2 万株、低效林改造 100.72 万亩、森林经营 114.5 万亩。此外，丽江积极探索生态优先绿色发展新路径，持续增加森林碳汇，实施了丽江市林业生态扶贫 PPP 项目，木本油料、林下经济等传统优势产业稳步发展，生态休闲、森林康养等新兴产业快速发展，林草产业总产值已达到 122 亿元，2021 年已完成首例林业碳汇项目的签约。

3.7.7 保山：努力成为世界一流"三张牌"示范区（绿色食品、绿色能源、健康生活目的地）、兴边富民示范区、国际文化旅游胜地

保山农业资源丰富，农业水平较高，在优越自然条件下更有能力发展现代高质量农业。保山聚焦水稻、咖啡、石斛、茶叶、肉牛五大产业，打造国家水稻繁育基地，全链条重塑咖啡产业，做大做强昌宁红茶品牌和石斛产业，大力发展肉牛产业，高质量建设世界一流高原特色农业示范区，为基础条件相似的区域提供了经验借鉴。施甸县被袁隆平院士誉为"中国杂交水稻最佳繁育基地"，保山以施甸县为重点，打造国家水稻繁育基地，为保障国家粮食安全提供种源支撑。目前"保山小粒咖啡"已成为国家地理标志产品。保山从基地到市场展开全产业链谋划，打造精品咖啡生产基地、提升加工水平、大力开辟高端市场，并打造精品咖啡庄园，集咖啡种植、加工销售、制作观摩、创意体验、文化展示和休闲度假于一体，凭借产业融合机会大力推进乡村振兴。

高质量建设绿色硅材产业集群。保山为加快现代化进程和提升区域绿色经济水平，选择发展绿色能源这一工业方向，高质量建设绿色硅材产业集群是其发展关键。2020 年，保山的工业硅、单晶硅产能居全省第一，其中工业硅产能占到全省的 37%、全国的 10%。在此基础上，保山提出下一步要全力推进硅光伏全产业链发展，积极发展硅电子产业链，适时发展硅化工产业链，有序推进碳化硅产业链，使之成为工业的支柱产业。

3.7.8 赣州：加强赣南历史遗留废弃矿山生态修复，支持革命老区振兴发展

大力开展废弃矿山修复治理，为生态产品价值实现贡献了经典案例。赣州累计治理废弃稀土矿山 92.78 平方千米，基本解决近半个世纪的历史欠账。全国水土保持改革试验区建设任务全面完成，治理水土流失面积 4310 平方千米，水土保持"赣南模式"在全国推广。

加快发展绿色产业，突出改革创新。"十三五"期间，赣州打造富硒产业发展示范基地 74 个，认证富硒产品 125 种，"山水硒地、生态赣州"名片逐步打响，赣南脐橙、赣南茶油荣登中国地理标志产品区域品牌百强榜。稀土钨新型功能材料产业集群入选国家级战略性新兴产业集群。开展水土保持生态工程建设"以奖代补"试点，引进社会资本，实现水土流失"要我治"向"我要治"的质变，以市场化手段创新性地实现水土流失治理工程，为其他地区提供了参考借鉴。

3.7.9 景德镇：立足生态环境优势，提升旅游吸引力，推进重点项目建设

连续出台多项政策，通过健全体制机制巩固环境优势。"十三五"期间，景德镇连续出台了《景德镇市市容和环境卫生管理条例》《景德镇市饮用水水源保护条例》《景德镇市烟花爆竹燃放管理条例》，为打好污染防治攻坚战提供了有效法制保障。2019 年，景德镇获评第三批"国家生态文明建设示范市"，成为江西唯一获评的设区市。"十三五"期间，景德镇已成功创建国家级生态文明建设示范市县 2 个，国家级生态县 1 个，国家级生态乡镇 15 个，国家级生态村 1 个，省级生态乡镇 20 个，省级生态村 69 个；国家级"两山"基地 1 个，省级"两山"基地 1 个。

依托原有陶瓷文化，改善文旅环境，大幅提升旅游吸引力。以原宇宙瓷厂为核心，景德镇保护修复 22 个风格各异的老陶瓷厂、煤烧隧道窑和圆窑，建设了陶溪川文创街区，获批海峡两岸青年就业创业基地、全省首批大众创

业万众创新示范基地，吸引大量海内外游客，进一步刺激生态环境整体改善。

3.7.10 张家界：高举"对标提质、旅游强市"大旗，集聚全部力量建设国内外知名的旅游胜地

以国内一流旅游目的地为对标，加快全域旅游发展。具体而言，张家界提出了要建设国内外知名旅游胜地的总目标，实施"对标提质、旅游强市"战略，对标国内的桂林、黄山、九寨沟，[①] 国外的芭提雅（泰国）、奥兰多（美国）、达沃斯（瑞士）六大旅游目的地，大幅提高国际化程度，实现"旅游＋购物＋采购"新模式，在推动开放型经济发展方面发挥龙头作用。

3.8 健康生活发展经验

根据健康生活指标的评价结果，排名前十的城市有杭州、上海、南京、丽水、成都、无锡、宁波、贵阳、金华、衢州。

3.8.1 杭州：医疗水平全国领先，人均寿命排名第二，将健康产业打造为千亿级产业

浙江医疗条件全国领先，医疗技术力量集中在杭州城区。2018 年，浙江每千人拥有医师数 3.33 人，跻身全国第二名，第一名北京（4.63 人）、第三名上海（2.95 人），可与高福利的欧洲国家比肩。浙江以临床重点专科能力建设、区域专病中心建设和县域医疗服务能力建设为重点，整体提升全省医疗技术能力。截至 2018 年，浙江拥有 22 个国家临床重点专科，有 51 个专科列入国家临床重点专科建设项目，人体器官移植、重大传染病救治、心血管疾病介入治疗、严重创伤和重症患者综合救治、肿瘤诊治等一批关键技术取得突破性进展，综合救治能力进入国内第一方阵，部分技术处于国际领先水

---

① 另有报道为"对标国内的三亚、桂林、黄山"（见湖南省商务厅官网），综合考虑后，采用了"对标国内的桂林、黄山、九寨沟"的表述（见湖南省人民政府官网及《湖南日报》等）。

平。浙江医疗技术力量集中在杭州城区，82.50%的省级医院（含分院区）集中布局于杭州城区，浙中、浙西等地区受制于区位及基础条件限制，优质医疗资源配置相对不足。

将健康产业打造为又一个千亿级产业。早在2000年，杭州就提出"新药港"建设战略，大力扶持生物医药、健康服务等医药产业发展。2014年，出台了《杭州市人民政府关于促进健康服务业发展的实施意见》，立足"提升杭州、服务全省、示范全国"的目标定位，明确了以医疗服务、护理与康复、养生保健、健康信息、健康管理、健康服务业相关支撑行业为重点。2016年，《杭州市健康产业发展"十三五"规划》提出了"医、康、养、健、药"五大产业导向，"一核两带"的产业空间布局。2018年，《杭州市人民政府办公厅关于促进杭州市生物医药产业创新发展的实施意见》提出要把杭州打造成为具有全球影响力的生物医药创新城市，并推出了一系列扶持措施，健康产业已成为杭州国民经济增长的重要支柱。

针对环境质量主要短板，实施精准治污。杭州积极部署"美丽杭州"，制定《新时代美丽杭州建设实施纲要（2020—2035年)》和《新时代美丽杭州建设三年行动计划（2020—2022年)》。2021年1月，杭州市生态环境局提出以下重点工作：一是强化基础研究。加强第三轮 $PM_{2.5}$ 源解析，深化 VOCs 和移动源污染治理研究，为精准治污提供支撑。二是强化精准治气。以 $PM_{2.5}$ 和 O_3 协同控制为主线，实施空气质量提升行动。实施重点领域机动车清洁化三年行动方案。三是强化精准治水。实施重点河段"一点一策"，加强流域系统治理、上下游协同治理。基本完成全域2.0版"污水零直排区"创建，实现雨污精准分流。

3.8.2 上海：资金雄厚，医疗水平发达，城市生活污水治理水平提高，拥有亚洲最大的污水治理厂

经济实力雄厚，医疗水平全国领先。上海是中国最大的经济、金融贸易城市，医疗实力处于全国领先水平。在2019年的中国医院综合排行榜中，30强医院有8所来自上海。2020年，上海人平均寿命超83岁，数据接近日本。

加强城镇污水处理。2019年住房和城乡建设部、生态环境部、发展改革委联合印发《城镇污水处理提质增效三年行动方案（2019—2021年)》。目标是经过3年努力，地级及以上城市建成区基本无生活污水直排口，基本消除城中村、老旧城区和城乡结合部生活污水收集处理设施空白区，基本消除黑臭水体，城市生活污水集中收集效能显著提高。加大财政投入力度，鼓励金融机构依法依规为污水处理提质增效项目提供融资支持。研究探索规范项目收益权、特许经营权等质押融资担保。营造良好市场环境，吸引社会资本参与设施投资、建设和运营。上海白龙港污水处理厂是亚洲处理规模最大的污水处理厂，该厂污水一级A提标工程、除臭提标工程和污泥二期工程项目是上海"十三五"期间环保重点工程。

3.8.3 南京：省会城市经济实力雄厚，立法巩固污水治理成效

经济实力强，江苏医疗资源集中在南京。江苏是全国GDP排名前列的省份。全省三级医院由2015年的147所增加至2020年的191所，其中，县级三级综合医院50所，数量列全国第一。江苏全省县级医院医疗服务能力基本标准达标率98.5%、推荐标准达标率85%，均列全国第一。南京作为省会城市，拥有27所三甲医院。

立法保护长江岸线，加快构建高质量发展的现代化水务综合保障体系。南京市已经制定《南京市幸福河湖评价规范（试行)》《南京市幸福河湖建设技术指南（试行)》和《南京市幸福河湖建设三年行动计划（2021—2023年)》，计划到2023年，重点打造100条城市特色幸福河、100条乡村田园幸福河、100座美丽幸福湖泊。通过打造幸福河湖样板，引领和推动全域幸福河湖建设。到2025年，全市建成区河湖基本建成幸福河湖。

3.8.4 丽水：建设"健康丽水"，提出生态养生，推动农村污水治理提质增效

医疗卫生事业改革成效显著。"十三五"期间，丽水市中心医院以"健康丽水"建设为主线，牢牢把握医疗卫生事业改革发展大局，抢抓机遇，趁势

发展，先后荣获全国文明单位、全国平安医院等荣誉，圆满完成了浙江第四周期的三甲复评，在最新公布的公立医院"国考"中位列全国第70名、省内地市级医院第1名，医院"十三五"七大发展目标圆满完成，运营管理模式实现全国"领跑"的重大跃变。

拥有全国优秀的中药资源。中药材产业是丽水农业主导产业。丽水市人民政府提出生态养生，率先形成"食养、体养、水养、药养、文养"的生态观念。大力推进丽水中药材产业向"生态、高效、安全"的方向健康发展，积极推进中药材产业化进程，结合该市山区实际，出台了《关于加快中药材产业发展的若干意见》。

强力推进"工程治水""管理治水""社会治水"。2013年，丽水将丽阳坑作为"五水共治"和市区内河整治重点河道。2021年，全市已完成693个点位、665个30吨以上处理设施的标准化运维。另外，该市积极谋划农污提标改造项目，通过统一设计、统一招标、统一施工、统一运维的方式，规范农污项目建设，提升农污设施的工艺水平、处理水平和服务水平，2020年新建改造（含开工）设施530个。通过标准化运维和新建改造的联动，有效助推农村污水治理提质增效。

3.8.5　成都：私立医疗水平居全国榜首，加大医疗卫生事业投入，实现"厂网河"一体化综合治理，"供排净治"一体化闭环管理

私立医疗水平在全国高居榜首。"十三五"期间，成都医疗卫生事业加大投入力度。2020年，成都全市人均期望寿命81.52岁，孕产妇死亡率4.55/10万，婴儿死亡率2.27‰，均为历史最好指标，达到发达国家水平。成都把高水平临床重点专科建设作为医疗机构提档升级的重点，优化顶层设计，集中优势资源，聚焦严重危害健康的重大疾病、多发病、慢性病及疑难病，加强高水平专科建设，构建临床重点专科高质量发展格局。成都诊所密度全国第一，平均3576人/诊所，其中主城区平均2100人/诊所，与香港的诊所密度相当。成都民营医院密度3.63万人/民营医院，亦是全国最高的城市。

在治理污水上，成都实施"供排净治"一体化改革。与传统水务管理体制机制不同，改革后成都将城市水源工程建设及输送、自来水生产及供给、污水收集及处理、再生水生产及利用、河湖治理及管护等水务全产业链存量设施以 TOT 模式①划转行业国企经营，壮大国企资本。同时，扩大特许经营范围，将市政管网、下穿隧道、河道及附属设施等以 BOT 方式②授予行业国企特许经营权，增强融资能力，从而实现了"厂网河"一体化综合治理，"供排净治"一体化闭环管理。锦江流域优良水体率从 2016 年的 69% 提升到 2020 年的 100%。2020 年锦江黄龙溪国控断面水质首次全年达Ⅲ类，实现了特大型城市河道水质从劣Ⅴ类提升到Ⅲ类的重大突破。

3.8.6 无锡：调整优化医疗卫生机构布局，推动太湖污染治理投资

积极优化医疗卫生。2018 年，《无锡市市属医疗卫生机构布局调整优化方案（2018—2020 年)》发布，该方案具体包括做优做强江南大学附属医院、迁址扩建市妇幼保健院、易地新建市儿童医院、加快推进市精神卫生中心二期项目建设、提标建设公共卫生机构等项目；2020 年，无锡推动"太湖人才计划"，办"名院"、建"名科"、增"名医"的"三名"工程迈出实质性步伐。

长期推动太湖治污和环境治理。2007—2018 年，整个太湖流域的污染治理投资达千亿元之多。在控源截污方面，无锡已建成覆盖所有城镇的污水处理厂，日处理能力达到 226.35 吨；新建管网 4500 千米，全市污水主干网总长度 8700 千米，基本实现城乡全覆盖。2018 年，城区污水处理率达到 95%，污水处理厂污泥无害化处理率达到 100%。2007—2018 年，无锡完成太湖清淤面积 64.42 平方千米，清淤逾 1700 万立方米。连续十年实施"引江济太"，通过望虞河引长江水入太湖。仅无锡就已投入 650 亿元治理太湖，其中市级财政投资占 80% 以上。2016 年出台了《关于进一步深化太湖水污染防治工作

---

① 即移交—经营—移交的项目融资方式。

② 即建设—运营—移交的投资方式。

的意见》明确了 21 条措施,力争打赢太湖治理持久战。

3.8.7 宁波:互联网为医疗健康监管体系赋能,积极布局全域污水直排

推行"互联网 + 医疗健康"模式。宁波医疗主推"最多让人跑一次",努力让群众看病"少跑路""就近跑""不跑路"。宁波搭建监管服务平台三大应用体系:一是数据治理体系;二是综合监管服务体系;三是大数据可视化体系。全国首家"云医院"2015 年在宁波上线运营。

积极布局全域污水直排攻坚。从过去的单一治理到现在多元化的治水产业链,通过科技助力,宁波走出了一条"智慧治水"的新道路,出台《宁波市人民政府办公厅关于创建"污水零直排区"工作的实施意见》,围绕"污水全收集、管网全覆盖、雨污全分流、排水全许可、村庄全治理"五个"全"的建设标准,从基础设施布局、排水管网普查、截污纳管、排污口整治、沿河拆违等多方面推进实施。突出以老小区、旧城区、城乡结合部(城中村、城郊村)、乡镇(街道)建成区、中心村及自然村、工业园区(产业集聚区)、畜禽养殖场(户)、十小行业及沿街店铺集聚区八大区块为重点,每年一个批次开展建设,用 4 年时间使"污水零直排区"建设范围覆盖所有行政区域。

3.8.8 贵阳:医疗服务以"1 + 4 + 2"为改革框架,引入大数据治水

推动医保制度高质发展。贵州全面部署医疗保障制度改革工作,提出了"1 + 4 + 2"的总体改革框架。全面建成以基本医疗保险为主体,健全待遇保障、筹资运行、医保支付、基金监管四个机制,协同推进"三医联动"改革和医疗保障公共管理服务两个支撑体系。贵阳紧紧围绕"基本公共卫生服务逐步均等化"这一中心任务,加快各区医疗条件融合。

大数据管理治水。贵阳河流和水域数量很多,以管理为抓手,积极引入大数据、移动应用等先进技术和理念建设贵阳市河湖大数据管理信息系统,

推动治水治河向智慧化迈进。通过打造"贵阳河湖大数据"平台，贵阳实现对179座湖库和32条设市级河长的河流建立了水文水质监测站，实现了这些河湖的可视化自动监控。

3.8.9 金华：重点完善基层医联体，发挥中药材基地优势

以县域医共体和城市医联体为抓手，重点完善基层医疗卫生服务。金华通过对基层开展帮扶、标准化建设和"优质服务基层行"活动等，提升基层医疗机构软硬件水平和服务能力。2021年，全市每个乡镇（街道）建有卫生院，标准化率86.21%，2000人口以上的村（社区）建有卫生室，规范化率64%，打造了"20分钟医疗服务圈"，居民在基层医疗机构就诊的比例达64.24%，计划全市卫生院标准化率达90%，村卫生室规范化率达70%，基层就诊率提至65%以上。除了织密基层网，金华还加快推进浙江中西部医疗中心建设，计划到2025年年底建成3家高等医学院校、10家高水平医院、10个高影响力专科，引进100名高层次人才，形成以金华市中心医院为主体、浙大四院、东阳市人民医院为依托、其他三级医院为骨干的高水平医院集群，错位发展、特色鲜明、布局合理、资源共享，实现急危重症、疑难病症基本在金华市域内就诊，常见病、多发病在县域内就诊，小病在基层就诊。

充分发挥中药材资源优势。金华是全国重要的药材基地，在享誉国内外的"浙八味"中，白术、元胡、玄参、浙贝母、白芍五味药材盛产于金华有"江南药镇"之称的磐安县，俗称"磐五味"。

加紧推进农村生活污水治理工作，全力补齐农村生活污水治理短板。结合农村人居环境整治、"五水共治"等工作，提升农村污水处理能力。邀请专业技术单位指导，10个县（市、区）全部完成《农村生活污水治理专项规划》编制。加强对全市各行政村、自然村、处理设施的基本信息摸底和复核，具体到村庄人口、设施位置、接收状态、运维主体、处理能力、出水标准、配套设施功能信息、管网情况等，全面摸清村庄基本情况、生活污水治理基本情况和存在的短板弱项，不断提升农污基础信息完整性、准确性，确保工作有的放矢开展，为农村生活污水治理夯实基础。

3.8.10 衢州：开展大城市医院与基层医院合作帮扶新模式，完善人才引进机制

开展大城市医院与基层合作帮扶模式。2010 年，浙医二院衢江分院在衢江区人民医院挂牌成立。同年 11 月，浙医二院眼科中心全省首个也是至今唯一一个眼科分中心——浙医二院衢江眼科中心在衢江区人民医院眼科挂牌成立。双方创新合作模式，将输出理念、输出管理、输出服务与输出技术并重，建立"全面帮扶、紧密对接、长期合作"的大城市医院与基层医院合作帮扶新模式。浙医二院通过派遣优秀管理和技术团队常驻分院，担任副院长和科主任，全面参与医院管理，并对临床、护理、科研和教学等方面实行一对一地传、帮、带、教；通过派遣周末专家、专家常驻、远程会诊、双向转诊、人员进修培训等多种方式进行全面合作帮扶。

积极引进医护人才，携手高校提高科教能力。引进正高级专业技术人员、副高级专业技术人员、中级专业技术人员、全日制硕士研究生、985 院校全日制本科生等。对引进的高层次、急需紧缺人才，医院明确为其预留一定数量的专业技术岗位用于评聘，携手多所高等院校，提高科教能力。除此之外，浙医二院衢江分院是浙、赣两省多所高校，如浙江大学医学院、温州医科大学等本科医学院校的实习、教学和实践基地。

衢州高新园区首批列入省级"污水零直排区"建设园区。园区所有企业全部建成阳光排口，便于公众监督企业排水水质。高新园区所有化工企业的生产废水，经企业预处理后达到纳管标准，经污水管网纳入衢州清泰环境工程有限公司污水处理厂，经深度处理达标后排入乌溪江；雨水及清下水排入园区沙溪沟和大排渠，最终汇入江山港。

4　政策建议

4.1　政策引领，推动绿色创新制度落地实施

一是财政政策助力绿色产业发展。通过配置绿色财政专项资金，扩大绿色信贷规模。引导产业投资基金、地方政府债券等资本市场工具投资绿色产业，强化绿色产业的经济效益、社会效益与生态效益。二是建立健全绿色金融服务体系。优化金融资源配置，增加融资总量，丰富融资渠道，建立绿色低碳综合金融服务平台。深化绿色金融体制机制改革，激发市场活力。完善金融支持绿色低碳机构设置，推动绿色金融专营机构建设。坚持自主创新和引入专业资源相结合，提高金融支持绿色低碳转型发展的能力。

4.2　科技赋能，促进基础设施建设高质量发展

一是优化升级交通系统。加强5G、大数据、人工智能等在交通领域的应用，建设智慧公路、智慧港口、智慧机场，推动传统基础设施转型升级为融合基础设施，加快形成智慧交通体系。二是完善能源基础设施建设。加快构建内畅外通的多渠道能源设施网络，优化电力生产和输送通道布局，提升新能源消纳和存储能力。深化能源供给侧结构性改革，着力推动氢能、光伏等新能源开发利用，深化能源要素价格改革，打造清洁低碳高效的能源体系。三是构建新型基础设施体系。加快5G网络建设，实现5G与各类垂直行业融合和商务应用。构建高效便捷、保障有力的基础设施网络，系统布局新型基础设施。构建智慧城市智能化中枢，推动交通、水利、能源、公共安全等基

础设施智能化升级。构建区块链应用服务生态，打造运营集中化、操作规范化、管理可视化的区块链能力平台。

4.3 立足创新，实现科技成果产业化发展

一是加快培育引进创新主体。综合运用普惠性财税政策，强化科技金融、科技孵化等创新综合服务，加快培育引进创新型企业。鼓励企业积极与企业、高校、院所等创新主体合作建设重点实验室、工程研究中心等创新载体，开展国际科技合作与交流，促进产学研的联合发展。二是建立科技服务体系。建设专业化的区域性科技成果转化服务平台，建设线上线下相结合的科技成果交易市场。大力发展技术转移服务机构，建立促进和规范其发展的政策保障体系。开发科技成果网络信息服务系统，加强科技成果信息、知识产权信息等资源的收集整理，对成果信息进行分类和挖掘。三是完善科技成果转化激励机制。鼓励研究开发机构、高等院校通过转让、许可或者作价投资等方式，向企业或其他组织转移科技成果。将职务发明成果转让收益在重要贡献人员与所属单位之间合理分配。四是加大科技金融服务，降低企业创新成本。拓宽科技型企业融资渠道，引导和鼓励民间资本投资支持科技型企业的创新发展；积极发展风险投资、金融租赁等融资渠道；鼓励金融机构开展企业产权、股权、存货、应收货款、知识产权等质押贷款，开展高新技术企业信用贷款试点。发展科技融资担保、科技保险等金融服务，探索建立科技贷款风险补偿和奖励制度、科技担保风险补偿和再担保制度。健全金融中介服务体系，为企业提供科技投融资、信息交流、咨询服务、资本市场服务等一站式服务，实现创业创新活动与市场的无缝对接。

4.4 统筹兼顾，坚持经济建设与生态保护协调发展

一是因地制宜发展绿色经济。优化产业结构，发展差异化产业，推动产业平台建设，促进产业集群化发展。加速推进制造业智能化、绿色化转型，

实现产业链和价值链绿色发展。整合生态资源，打造生态宜居城市，推动生态产业高质量发展。二是加强生态治理和保护。实施精准治污，强化大气治理，减少污染物排放，提升空气质量。推动污水治理提质增效，加强流域系统治理、上下游协同治理。制定精细化管理策略，以量化指数规定绿色发展中的质量要求。通过实施产业碳转型、项目碳评估、区域碳考核、企业碳管理等手段，推进区域绿色低碳发展。

参考文献

［1］韩丽萌，郭君华．新发展理念下绿色投资促进经济高质量发展［J］．中国管理信息化，2021，24（19）：133-134．

［2］何智励，汪发元，汪宗顺，等．绿色技术创新、金融门槛与经济高质量发展——基于长江经济带的实证［J］．统计与决策，2021，37（19）：116-120．

［3］黄杰，金华丽．中国绿色创新效率的区域差异及其动态演进［J］．统计与决策，2021，37（21）：67-71．

［4］侯建，白婉婷，陈建成．创新活力对区域绿色发展转型的门槛机理研究：人力资本视角［J］．科技管理研究，2021，41（15）：207-214．

［5］刘明广．环境规制对绿色创新的影响效应研究［J］．技术经济与管理研究，2021（9）：29-33．

［6］王婧，杜广杰．中国城市绿色创新水平的空间差异及分布动态［J］．中国人口科学，2021，35（4）：74-85，127．

［7］王欣欣．规制研发与绿色创新［J］．技术经济与管理研究，2021（8）：25-30．

［8］杨朝均，王冬彧，毕克新．制度环境对工业绿色创新的空间效应研究［J］．科研管理，2021，42（12）：108-115．

［9］张永林．人力资本、环境规制与绿色技术创新——基于长江经济带省域面板数据的实证［J］．时代经贸，2021，18（8）：92-95．

［10］朱于珂，高红贵，肖甜．工业企业绿色技术创新、产业结构优化与经济高质量发展［J］．统计与决策，2021，37（19）：111-115．

附录1 绿色创新发展指数编制方法和指标体系

1 绿色创新发展指数的思想内涵

1.1 绿色创新的概念

绿色创新的概念最早于 1996 年出现在《驱动绿色创新》一书中，将绿色创新表述为"那些能在为消费者和企业提供价值的同时也能降低对环境不良影响的新产品和新技术"。加州绿色创新指数（California Green Innovation Index）认为，绿色创新指的是"在减少温室气体排放、刺激技术和商业创新方面的努力，从而带动经济活动、增加就业，转变成为一个更具资源效率的经济体"。然而目前学术界并未形成一个被广泛认可的绿色创新定义，常常与生态创新、可持续创新和环境创新混用。大致而言，绿色创新除强调创新效益和经济效益之外，与一般创新的最大不同之处在于注重节约资源、保护环境和促进资源循环利用。结合已有文献，从城市区域发展和"投入—产出"的逻辑出发，绿色创新发展指数所称的绿色创新是指以可持续发展为目标，以创新为驱动力，通过相对较少的人力、资本和资源能源等要素投入，在减少或避免生态环境破坏的基础上，获得优质的创新产出、经济效益和绿色增长空间，以期实现城市经济社会发展和生态文明建设互相协调。

1.2 绿色创新发展的理论基础

绿色创新发展是一个较为复杂的系统，包含创新发展、绿色发展以及两者的交互与融合，需要依据多个理论、从多个视角进行诠释，包括创新理论、创新系统理论、可持续发展理论以及生态文明理论。

创新理论最早由美籍奥地利经济学家熊彼特提出，他从生产的角度论述创新，认为创新是将从未组合过的生产要素和生产条件整合为新的生产方式。新的生产方式推动了经济的可持续发展。企业家在创新理论中发挥重要作用，一个国家和地区的经济发展水平在很大程度上职决于企业家的数量，企业家出于追求利润的考虑，选择不同的要素组成新的组合引入生产体系，同时其他企业家竞相创新模仿，推动生产方式的进步。熊彼特将创新概括为五种基本形式，分别是产品创新、技术创新、市场创新、资源配置创新和制度创新（组织创新），其中制度创新无疑是创新的最高形式，指创建新的组织结构形式。

创新是一个复杂、动态的网络系统，由多个主体和要素交互作用而成，不同要素之间相互作用、相互依赖、相互制约。创新系统理论将创新理论和系统学理论相结合，从系统的角度出发研究分析创新行为，可分为国家创新系统理论和区域创新系统理论，由于本指数所评价的是城市的创新行为，更适用区域创新系统理论。区域创新系统是由相互作用、相互促进的政府、高校、科研院所、中介组织和企业构成的创新空间网络，其有助于企业交易成本降低、创新文化氛围建立、知识信息共享、专业人才培养和技术产品交叉繁殖，推动企业的技术创新发展，增强区域的创新能力。创新系统理论对绿色创新发展指数构建的启示在于绿色创新不仅与创新行为组织息息相关，还受到创新环境的影响，如政策制度、基础设施建设、创新资源和社会文化等。

可持续发展理论涵盖经济、环境和社会等多角度的内容，其内涵一是着重突出发展与可持续这两个方面，二是着重强调代际公平的问题，三是解释人类社会与自然环境和谐统一、协调发展的问题。可持续发展理论着重强调采取集约型生产的经济发展方式，提倡通过走清洁生产和文明消费之路实现资源节约、环境改善和产业绿色化，从而提高经济效益。

生态文明理论以尊重自然和爱护环境为前提，遵循人与自然和谐友好发展的原则，引导建立可持续发展的生产生活方式，促进人与自然和谐统一的发展局面。生态文明建设的重中之重是通过生产绿色化和生活方式绿色化实现绿色发展，其中生产绿色化可以通过大力发展循环经济与产业绿色化来实现，生活方式绿色化则可通过加强社会的生态文明建设来实现。

1.3　绿色创新发展指数的指导思想

自中华人民共和国成立以来，我国的创新组织形式经历了"政治创新""经济创新""技术创新"和当今的"绿色创新"四个阶段。其中"技术创新"与"绿色创新"是"经济创新"的继承与发展，"技术创新"通过开拓新兴市场、淘汰落后产能、优化产品结构、创新管理技术，抢占产业制高点，大大提升了中国企业的核心竞争力，逐步实现从"中国制造"向"中国创造"的转变。然而"技术创新"带来经济飞速发展的同时，也导致了资源能源高消耗、环境污染和生态破坏的不良后果，习近平生态文明思想强调"绿色创新"[①]，使我国经济从"以速度增长"转变为"以质量增长"的"新常态"经济。目前已有实证研究证明，绿色创新对经济高质量发展有显著的正向影响（朱于珂，高红贵，肖甜，2021；何智励，汪发元，汪宗顺等，2021）。

绿色创新发展指数以习近平新时代中国特色社会主义思想，特别是以习近平生态文明思想为指导。党的十八大以来，习近平总书记针对"什么是绿色发展""怎样实现绿色发展"等问题提出了一系列新观点、新思想、新论断，包括中国特色社会主义建设的"五位一体"总布局，明确了生态文明建设的国家战略地位；党的十八届五中全会提出了五大新发展理念，指出绿色是永续发展的必要条件；党的十九大提出新时代我国要建设人与自然和谐共生的现代化格局，满足人民群众日益增长的优美生态环境需要，建设美丽的现代化强国。这些新观点、新思想和新论断准确把握新时代我国绿色发展理念的核心内容，总结出我国推进绿色发展的实践创新路径，对新形势下贯彻新的发展理念、形成绿色发展方式和生活方式、建设美丽的社会主义现代化

---

① 即坚持生态优先，依靠科技创新。

强国具有重要的理论和实践价值。

1.4 绿色创新发展指数的意义

我国目前正处于粗放型经济向可持续发展方式快速转型的关键时期，亟须大力推动绿色创新来改善各个城市的经济与社会形态。然而，目前国内对绿色创新的研究多数集中于微观层面上，对于不同省份或不同城市的区域绿色创新发展分析较少。绿色创新发展指数从宏观视角将经济、创新、生态环境要素综合起来，综合考虑绿色创新投入和绿色创新产出两个方向，对全国不同城市的绿色创新发展情况进行评价。通过横向和纵向的比较，一方面可以对不同城市的绿色创新现状有充分的认识，了解各个城市的绿色创新差异性和发展变化；另一方面有利于促进各个城市的经济及其创新的健康有序可持续发展，为政府制定绿色发展与创新驱动战略的相关政策提供依据。

2 绿色创新发展指数的框架

2.1 国内外相关指数分析

创新是经济发展的不竭动力，绿色发展则体现资源环境与经济发展的和谐统一，为架构从理论到实践的桥梁，国内外多位研究者纷纷探索创新与绿色发展的指标评价体系，通过排名评估某个国家或区域在一定时期内创新能力和绿色发展的相对水平。由于不同指数编制的目的和原理不同，在指标设计和所强调的主题上存在差异。为数众多的指数要么侧重创新能力，要么侧重绿色发展，鲜有指数评估创新能力和绿色发展的协同效用。

侧重创新能力评价的知名指数有全球创新指数（Global Innovation Index，GII）、欧盟创新指数（European Innovation Scoreboard）、中国城市创新指数、中国企业创新发展指数和长江经济带科技创新驱动力指数。2007年世界知识产权组织、康奈尔大学、欧洲工商管理学院共同创立全球创新指数，其包括5个创新投入指标和2个创新产出指标共84个变量，对全球120多个国家或经济体的创新现状进行衡量，其中创新投入指标体现各个经济体为创新提供的支持因素，如制度、人力资本和研究、基础设施、市场成熟度和商业成熟度；创新产出指标评估创新成果的实质证据，如知识与技术产出和创造性产出，从而衡量不同经济体从创新中获益的程度。欧盟创新指数几经演化，最终从创新投入与创新产出两个层次确定了 5 个维度：创新主体、知识生产、企业与创新、创新应用和知识产权，其中创新主体和知识生产属于创新投入范畴，创新应用和知识产权属于创新产出范畴，同时由于重视企业的创新主体作用而将企业与创新作为单独的维度。广东省社会科学院编制的中国城市创新指数结合产业链、创新链、资金链三链融合的理念，采用发展基础、科技研发和产业化三个维度构建指标评价体系，评测中国经济百强城市的创新能力，该指数侧重于创新基础、品牌创新以及高新技术产业化能力等方面的评价。中国科学技术信息研究所编制的中国企业创新发展指数从创新基础、创新能力、创新活动和创新绩效四方面构建指标评价体系，以企业为研究对象，评估企业创新发展能力。上海社会科学院信息研究所的助理研究员杨凡所构建的长江经济带科技创新驱动力指数从科技创新投入、科技创新载体、科技创新产出和科技创新绩效 4 个一级指标全面系统地评价 110 个长江经济带城市的科技创新驱动力状况，该指标的特色在于新增了科技创新绩效指标评价创新效率。

　　侧重绿色发展评价的知名指数有加州绿色创新指数、中国绿色发展指数和长江经济带绿色发展指数。加州绿色创新指数是加州政府为监测当地绿色经济特别是低碳经济发展情况而编制的，该指标评价体系包括低碳经济、能源效率、绿色科技创新、可再生能源和交通运输 5 个维度共 18 个二级指标，以低碳经济为核心，同时注重科技创新在促进绿色发展中的作用。中国绿色发展指数由北京师范大学、西南财经大学和国家统计局中国经济景气监测中心联合发布，作为目前国内具有较大影响力的绿色发展评价指数，采用经济增长绿化度、资源环境承载潜力和政府政策支持度 3 个一级指标，下设 9 个二级指标，包括中国省际绿色发展指数和中国城市绿色发展指数两套体系，分别对中国 30 个省份和 100 个城市的绿色发展情况进行综合评价。中国绿色发展指数的特色在于注重绿色与发展的结合，特别突出了政府绿色管理的引导作用。上海社会科学院信息研究所的海骏娇助理研究员编制的长江经济带绿色发展指数采用绿色生态、绿色生产和绿色生活 3 个一级指标，下设 7 个二级指标和 21 个三级指标，对长江经济带 126 个城市的绿色发展水平进行了系统评价。另外，目前有研究表明，我国绿色创新发展水平存在显著的区域差异，而且绿色创新效率高水平地区和低水平地区之间的发展差距在不断扩大（黄杰，金华丽，2021；王婧，杜广杰，2021）。

2.2 绿色创新发展指数的特色

绿色创新发展指数采用"投入—产出"的分析框架，利用包含绿色创新投入指数（包含创新制度、研发投入、创新基础、创新转化 4 个二级指标）和绿色创新产出指数（包含创造产出、绿色经济、生态环境、健康生活 4 个二级指标）的指标评价体系，全面评价长江经济带城市的创新能力和绿色发展情况。同上述国内外相关指数对比，本指数具有以下的鲜明特色。

首先，上述指标评价体系鲜少同时考虑创新能力和绿色发展，大多仅涉及一个方面，仅有加州绿色创新指数同时包含绿色发展和科技创新，然而其更侧重于低碳经济、可再生能源和能源效率领域，并未将社会、经济结构和制度等因素纳入指标评价体系。本指数综合考虑创新能力和绿色发展，且并未将这两个方面割裂开，尽管绿色创新投入指数以反映创新能力为主，但其二级指标"创新制度"中仍包含与绿色发展相关的指标；尽管绿色创新产出指数以反映绿色发展成果为主，但其二级指标"创造产出"突出体现创新绩效。

其次，上述指标评价体系鲜少涉及创新转化指标。本指数整体沿用全球创新指数和欧盟创新指数所用的"投入—产出"分析框架，同时在绿色创新投入指数中设置二级指标"创新转化"用以衡量绿色创新的转化效率。并非所有的绿色创新投入都能转化成相应的绿色创新成果，而只有真正将绿色创新投入转化为现实生产力才能有效促进经济增长和可持续发展，因此创新转化是实现绿色创新发展的关键指标。

最后，本指数的绿色创新产出指数所包含的 4 个二级指标采用层层递进的逻辑进行设置。绿色创新产出指数同时涵盖创新绩效和绿色绩效，其中绿色绩效部分与上海社会科学院信息研究所海骏娇助理研究员编制的长江经济带绿色发展指数有相似之处，但其所采用的绿色生态、绿色生产和绿色生活 3 个一级指标呈现并列逻辑，而本指数中绿色创新产出指数下设的 4 个二级指标呈现递进逻辑，即"创造产出"改善经济增长模式所形成的结果表现为"绿色经济"，"绿色经济"的持续发展改善人类赖以生存的"生态环境"，"生态环境"的持续改善才能带来人类所向往的"健康生活"，"健康生活"又是绿色创新发展在社会生活层面的终极目标。

另外，本指数多层次展现了各城市的绿色创新发展水平，方便其他城市进行学习。

2.3 指标评价体系的框架与原则

绿色创新发展指数的指标评价体系需要全面反映各个城市的创新成果及生态环境绩效，契合创新理论及可持续发展的理念，展现人与自然和谐共处的美好生活。该指标评价体系需要综合考虑不同城市中科技创新、生态环境和资源消耗等多方面因素，此外，由于地区发展水平、城市规划的差异，不同城市对绿色创新的重视程度及定位不尽相同，因此还需综合考虑地区差异。从上述角度出发，为提升绿色创新发展指数评价结果的客观性、准确性和可靠性，评价指标的选取遵循以下三项原则。

一是科学性原则。在绿色创新相关理论的指导下，绿色创新发展指数的指标设计需符合地区绿色经济发展的规律，体现科技创新和生态环境相统一的要求。指标的设计、数据的获取都需建立在普遍的科学理论指导之下，并能通过有效的数理研究方法计量测度。

二是系统性原则。城市绿色创新是经济、创新和环境资源这三个子系统协同作用的结果。绿色创新发展指数指标的选取需在了解绿色创新发展内涵的基础上，结合各个城市绿色创新发展的总体情况，大致涵盖三个子系统的主要方面。这样不仅体现了绿色创新的特征，而且确保了信息的完整性。

三是可比性原则。构建绿色创新发展指数的目的是评价长江经济带各个城市绿色创新发展的水平，因此需保证可以进行横向和纵向的对比分析，即时间和空间上的对比。所以在建立指标评价体系时必须保证指标数据的可比性。

基于上述三项原则，绿色创新发展指数的创立可帮助长江经济带沿线各城市了解和发现自身在创新能力、绿色发展上的竞争力，进而实现高质量发展。伴随着人们对绿色创新发展理解的加深，绿色创新的边界在不断外延，它不仅体现在 R&D 投入的加大、发表学术论文的增多或森林覆盖率的上升，它还会体现在商业活动和技术活动的方方面面。不论绿色创新具体的体现形式如何变化，它都可以用"投入—产出"的框架进行分析和解释。因而，在具体指标评价体系的构建过程中，本报告将其分为绿色创新投入指数和绿色创新产出指数两部分进行度量。

2.4 绿色创新投入指数

实现高质量发展，将以往的以要素投入为主的模式转变为创新驱动、绿色发展的模式，必然需要在多方面进行变革和投入，与其相关的指标便在绿色创新投入指数中予以涵盖。绿色创新投入指数主要反映不同城市为了达成绿色创新的转型，实现经济高质量发展所必需的制度、资金、人力资本、基础设施、信息服务等方面的基础支撑和必要投入情况。主要包含了创新制度、研发投入、创新基础、创新转化 4 个指标。

创新制度是绿色创新的根本保障，高效、合理的制度安排有利于促进绿色创新的开展。政府作为制度供给主体，在推动绿色创新中理应扮演重要角色。政府通过提供各种规则、法律程序和行为规范，促进绿色创新理念的培育与普及，激发创新动机，整合绿色创新资源，提高创新资源的配置效率，同时建立创新成果的使用、补偿与回报机制，为促进绿色创新发展提供强大助推力。制度环境是激励绿色创新开展的根本保障（杨朝均，王冬彧，毕克新，2021；刘明广，2021）。

研发投入是绿色创新的重要基础支撑。各个城市绿色创新能力的培育与提升需要以科技研发活动为基础，而在科技研发活动中，科技研发人员和科研经费投入至关重要，是开展绿色创新活动的重要保障。从研发投入的角度看，数量无疑是非常重要的，其为创新驱动、绿色发展的经济高质量转型提供充足的保障。较低水平的人力资本并不利于促使区域创新活力驱动绿色发展转型（侯建，白婉婷，陈建成，2021）。研发投入对绿色技术创新起到正向的影响作用（张永林，2021；王欣欣，2021）。

创新基础是保障经济体实现转型和发展的基础支撑。良好的通信、交通和能源等基础设施建设有助于商品的流通、思想的交流、服务的提升，可以有效提高创新效率、降低创新成本，为绿色创新体系注入活力。基础设施作为特殊的公共物品，前期投入大，利润难以预期，因而企业参与意愿不高，需要各级政府加大基础设施投入。

创新转化是实现绿色创新发展的关键。绿色创新成果只有真正转化为现实生产力才能有效促进经济增长和可持续发展。绿色创新成果并不都能转化为应用，必须发挥政府和市场的作用，建立有效的市场发现机制，促进成果的转化和利用，提高创新转化效率，让创新真正落实到创造新的增长点上。

2.5 绿色创新产出指数

实现高质量发展，将以往以要素投入为主的模式转变为创新驱动、绿色发展的模式，最为核心的就是要看经济发展、企业生产、人民生活的相关指标是否满足绿色创新的内涵，相关的指标就体现在绿色创新产出指数之中。绿色创新产出指数主要反映不同城市在经济社会发展过程中体现出来的可持续发展、绿色生产、低碳生活等方面的创新成果。主要包含了创造产出、绿色经济、生态环境、健康生活4个指标。

创造产出是最突出体现创新绩效的产出指标。创新是经济发展的不竭动力，经济高质量发展的核心也是通过创新驱动来实现的。在创造产出的概念中，不仅应包含科研学术上的高精尖成果，也应涵盖企业在实践中的新产品开发和旧产品改造，最终形成较大规模、有足够影响力的项目和产业。通过这些项目和产业，不断地变革经济社会发展的方式，最终实现高质量转型发展。

绿色经济是绿色创新发展在经济社会层面所形成的成果。绿色创新发展在于通过创新驱动的模式，将以往高耗能、高污染、高排放的产业在节能减排、污染治理、循环利用等方面进行改造，催生一批低碳环保、高效节能、绿色健康的产业动能，提升整体经济发展过程中的耗能和效率，对于提高经济的绿色发展水平具有现实意义（韩丽萌，郭君华，2021）。

生态环境集中体现绿色创新发展对人们赖以生存环境的改变。人与自然是生命共同体，生态环境没有替代品。生态环境问题归根结底是发展方式和生活方式问题，在整个经济发展过程中生态环境的改变，是最能体现高质量发展转型成效的指标。只有实施绿色创新的发展理念，将经济活动、人类行为限制在自然资源和生态环境能够承受的限度内，生态环境才能持续改善，人类才能实现可持续发展。

健康生活是绿色创新发展在社会生活层面的最终体现。绿色创新的理念需要社会的共同参与，从我做起，从自身出发，在日常生活中践行低碳环保的生活方式。

3 指标数据来源及说明

鉴于目前还没有集中统一反映绿色创新发展的统计数据，各指标的数据来源非常分散，数据主要来源于中国城市统计年鉴、地方统计公报、党政机关报和政府门户网站、Wind 地区宏观数据库、中国科技统计年鉴、中国火炬统计年鉴、百度等。考虑到新冠肺炎疫情影响，2020 年的指标值存在异常，在指标选择以及权数确定过程中，报告使用 2017—2019 年的数据进行分析（详细指标与数据说明见附表1）。

4 指数编制方法

步骤1：逆向指标变换。将两个逆向指标（能源强度和碳强度）取倒数。

步骤 2：数据预处理。因新冠肺炎疫情影响，2020 年的指标值存在异常，且其数据缺失情况较为严重，在权数确定过程中，使用 2017—2019 年的数据进行分析。由于部分指标呈现明显的偏态分布，为了提高分析结果的稳健性，避免极端值的影响，本项目对这些指标进行了对数变换。

步骤 3：确定指标权重。根据指标体系的架构，建立二阶验证性因子分析模型，为了消除指标单位不可比的问题，采用标准化因子载荷反映指标与因子之间的关联性。将同一因子测量指标的标准化因子载荷进行归一化，得到维度内各指标的权重。记第 j 个维度下各指标为 $X_{ij}(i = 1, \cdots, n_j)$，各指标对应的标准化因子载荷为 λ_{ij}，则 X_{ij} 的权重如下：

$$\omega_{ij} = \frac{\lambda_{ij}}{\sum\limits_{i=1}^{n_j} \lambda_{ij}}$$

指标权重见附表 2。

步骤 4：指标无量纲化处理。记第 c 个城市 t 年各指标数据为 $X_{ijct}(c = 1, \cdots, 110; t = 2017, 2018, 2019)$，各指标在 2017 年的最小值为 $\min_{ij}$，最大值为 $\max_{ij}$，采用如下公式对指标数值进行变换：

$$x_{ijct} = \frac{X_{ijct} - \min_{ij}}{\max_{ij} - \min_{ij}} \times 100$$

这种无量纲化方法设定了基准水平，指数结果既可以进行横向比较，也可以进行纵向比较。

步骤 5：分维度计算指数。对于第 j 个维度，根据步骤 3 的指标权重，对各个指标进行加权平均，得到第 c 个城市 t 年的分维度指数 F_{jct}：

$$F_{jct} = \sum\limits_{i=1}^{n_j} \omega_{ij} x_{ijct}$$

步骤 6：计算总指数。计算 8 个维度指数的简单算术平均数得到第 c 个城市 t 年的总指数 F_{ct}：

$$F_{ct} = \frac{1}{8} \sum\limits_{j=1}^{8} F_{jct}$$

2017—2019 年绿色创新发展指数评价结果见附表 3 至附表 5。

附表1　　　　　　　　　　　　　　指标与数据说明

一级指标	二级指标	三级指标	计算方式	单位	主要数据来源
绿色创新投入指数	创新制度	党政机关报和政府门户网站中相关关键词的出现频率		次	慧科搜索关键词：绿色+创新
		中国最具影响力的综合报纸对当地发展经验的报道频率		次	慧科搜索关键词：城市名+绿色+创新
	研发投入	人均GDP		万元/人	中国城市统计年鉴
		全部R&D人员数量/总就业人员数量		人年/万人	Wind地区宏观数据库、中国城市统计年鉴、地方统计公报、地方统计年鉴、地方人民政府官网
		地方一般公共预算收支状况	科学技术支出/GDP	%	中国城市统计年鉴
		R&D内部经费支出/工业增加值		%	Wind地区宏观数据库、中国城市统计年鉴、地方统计年鉴、地方统计公报
	创新基础	普通高等院校个数		个	以地方统计年鉴为主，省级统计年鉴、中国城市统计年鉴、地方统计公报为辅
		普通高等院校在校学生数		万人	以地方统计年鉴为主，省级统计年鉴、中国城市统计年鉴、地方统计公报为辅
		人均清洁能源使用量（家庭天然气）	家庭供气总量/常住人口	立方米/人	中国城市统计年鉴
		每万人拥有的公共汽车数	年末实有公共汽车营运车辆数/常住人口（万人）	辆	中国城市统计年鉴

续表

一级指标	二级指标	三级指标	计算方式	单位	主要数据来源
绿色创新投入指数	创新转化	科研机构数		家	中国科技统计年鉴、各省市统计年鉴
		省级以上孵化器数量		家	中国火炬统计年鉴、各省市统计年鉴、地方统计公报、政府工作报告、政府科技统计文件、百度
		高新技术企业数		家	各省市统计年鉴、地方统计公报、政府工作报告、政府科技统计文件、百度
绿色创新产出指数	创造产出	每万人发表国内外科技论文（SCI）	（国内科技论文＋国外科技论文）/常住人口（万人）	篇	中国知网检索、Web of Science 检索
		每万人发明专利授权数	发明专利授权数/常住人口（万人）	件	中国城市统计年鉴、地方统计年鉴、地方统计公报、省（市）科学技术厅（局）
		技术合同成交额/GDP	技术合同成交额/GDP	%	中国城市统计年鉴、地方统计年鉴、地方统计公报、省（市）科学技术厅（局）
	绿色经济	能源强度	能源消耗量/GDP	吨标煤/万元，当年价	地方统计年鉴
		碳强度	二氧化碳排放量/GDP	吨二氧化碳/万元，当年价	中国碳核算数据库（CEADs）县级清单
		工业固体废物综合利用率		%	地方统计年鉴

续表

一级指标	二级指标	三级指标	计算方式	单位	主要数据来源
绿色创新产出指数	生态环境	城市空气质量优良天数比例		%	地方统计公报、各地环境质量公报
		地表水达到Ⅲ类水或以上比例		%	各省市水资源公报、各省市环境质量公报
		森林覆盖率		%	各市林业局（林业和草原局）① 消息及城市公开发布的新闻信息
	健康生活	每千人口医生数	医生数/常住人口（千人）	个	中国城市统计年鉴
		生活污水集中处理率		%	中国城市统计年鉴
		人均预期寿命		岁	中国城市统计年鉴

---

① 2018 年 3 月，国务院机构改革方案提出，将国家林业局职责，农业部的草原监督管理职责，以及国土资源部等部门的自然保护区等管理职责整合，组建国家林业和草原局。现根据各地区草原及林业的发达程度，分为林业局和林业和草原局两种。

附表 2 各维度指标权重

二级指标	指标代码	三级指标	权重
创新制度	X11	党政机关报和政府门户网站中相关关键词的出现频率（次）	0.44
	X13	中国最具影响力的综合报纸对当地发展经验的报道频率（次）	0.28
	X16	人均 GDP（万元/人）	0.28
研发投入	X23	全部 R&D 人员数量/总就业人员数量（人年/万人）	0.42
	X24	地方一般公共预算收支状况（%）	0.23
	X25	R&D 内部经费支出/工业增加值（%）	0.35
创新基础	X31	普通高等院校个数（个）	0.35
	X32	普通高等院校在校学生数（万人）	0.24
	X33	人均清洁能源使用量（家庭天然气）（立方米/人）	0.17
	X34	每万人拥有的公共汽车数（辆）	0.24
创新转化	X41	科研机构数（家）	0.39
	X42	省级以上孵化器数量（家）	0.30
	X43	高新技术企业数（家）	0.31
创造产出	X51	每万人发表国内外科技论文（SCI）（篇）	0.43
	X52	每万人发明专利授权数（件）	0.33
	X54	技术合同成交额/GDP（%）	0.24
绿色经济	X61	能源强度（吨标煤/万元，当年价）	0.50
	X62	碳强度（吨二氧化碳/万元，当年价）	0.37
	X63	工业固体废物综合利用率（%）	0.13
生态环境	X71	城市空气质量优良天数比例（%）	0.44
	X72	地表水达到Ⅲ类水或以上比例（%）	0.19
	X73	森林覆盖率（%）	0.37
健康生活	X81	每千人口医生数（个）	0.61
	X83	生活污水集中处理率（%）	0.03
	X84	人均预期寿命（岁）	0.36

附表3　　　　　　　　　　　2017 年评价结果

城市	总指数	创新制度	研发投入	创新基础	创新转化	创造产出	绿色经济	生态环境	健康生活
上海	66.29	95.13	55.46	69.88	94.21	55.41	52.36	31.96	75.93
南京	55.65	42.25	34.13	79.53	42.97	88.64	43.29	48.63	65.72
杭州	55.62	49.66	40.10	62.27	37.26	52.70	46.28	71.78	84.95
武汉	50.67	33.83	29.40	92.00	46.38	60.35	41.60	39.05	62.73
成都	48.13	32.96	29.49	78.72	41.03	45.02	45.95	45.30	66.58
苏州	47.07	37.81	40.65	37.39	75.34	41.25	42.11	43.54	58.47
长沙	46.37	28.93	34.20	73.58	23.57	35.29	43.54	64.25	67.59
合肥	39.96	22.62	40.40	65.22	20.94	37.23	44.65	37.39	51.22
宁波	38.13	28.38	30.52	39.77	8.37	24.18	42.20	67.45	64.15
无锡	37.65	32.91	37.71	30.07	22.71	22.76	49.25	44.28	61.48
重庆	37.13	26.01	19.86	69.45	24.35	12.82	36.23	63.45	44.92
昆明	36.20	15.62	11.40	60.49	17.05	22.09	25.48	78.99	58.45
南昌	35.74	20.73	17.44	63.99	18.64	19.04	35.88	61.29	48.93
贵阳	35.18	16.87	23.34	54.37	14.15	16.65	13.68	78.39	64.02
常州	34.31	27.02	16.14	32.54	26.36	23.29	49.92	41.40	57.78
绍兴	33.57	17.52	28.03	29.10	6.08	13.55	35.31	73.79	65.19
舟山	33.20	19.62	18.20	26.40	1.89	16.52	53.16	65.06	64.73
镇江	33.04	24.74	29.13	25.17	12.70	31.95	40.91	46.82	52.87
株洲	32.78	11.34	52.29	24.97	3.51	14.00	34.00	71.76	50.35
泰州	31.80	18.61	25.46	16.87	7.15	8.76	75.35	50.78	51.42
湘潭	31.79	12.04	53.15	27.18	3.06	16.17	29.54	62.80	50.39
芜湖	31.79	14.35	45.05	27.95	10.05	27.77	35.17	48.23	45.76
温州	31.55	11.02	22.61	16.93	9.08	13.57	42.56	73.86	62.74
绵阳	31.50	7.73	49.01	28.35	5.61	10.49	31.15	73.20	46.50
湖州	30.85	15.76	27.84	17.64	6.61	28.89	30.85	59.81	59.37
衢州	30.82	10.42	19.60	11.53	2.53	14.18	35.89	85.92	66.46
丽水	30.71	10.12	17.29	8.44	2.06	6.55	32.68	94.77	73.78
南通	30.66	20.79	25.87	19.06	23.11	14.24	44.91	43.64	53.63

城市	总指数	创新制度	研发投入	创新基础	创新转化	创造产出	绿色经济	生态环境	健康生活
台州	30.03	12.59	19.40	10.48	3.69	21.27	32.69	78.59	61.53
徐州	29.68	14.60	21.04	22.26	19.32	10.76	66.45	28.17	54.87
新余	29.11	16.13	15.38	26.05	1.03	3.66	38.49	67.51	64.63
金华	28.59	12.67	21.69	11.86	5.20	12.94	26.65	74.05	63.68
衡阳	27.55	6.55	23.51	19.59	2.76	2.83	51.56	67.44	46.20
十堰	27.37	7.95	13.45	17.83	2.54	17.95	25.71	80.30	53.24
黄山	27.34	7.86	21.07	6.67	3.03	4.23	28.75	99.16	47.92
宜昌	27.12	17.57	17.62	17.19	5.14	21.54	19.66	67.45	50.77
岳阳	26.90	8.64	40.27	16.69	4.44	1.70	29.53	63.52	50.41
益阳	26.74	5.15	32.34	16.78	2.97	2.17	40.30	66.74	47.51
常德	26.15	8.27	28.13	13.09	4.99	2.41	39.29	62.63	50.40
铜陵	25.93	11.81	24.54	19.46	2.17	5.47	53.15	50.85	39.99
嘉兴	25.90	17.91	28.06	18.51	7.82	14.26	33.99	32.15	54.47
马鞍山	25.82	12.63	23.18	21.18	4.33	16.06	43.99	45.41	39.81
扬州	25.65	21.52	15.43	24.70	6.28	11.53	37.24	38.01	50.50
襄阳	25.64	13.26	19.97	18.77	6.27	16.98	32.11	50.37	47.42
连云港	25.63	10.73	15.93	19.55	12.20	12.75	27.20	53.51	53.18
鹰潭	25.52	10.79	27.36	9.70	3.01	3.84	31.28	77.51	40.69
攀枝花	25.47	15.60	9.68	11.78	1.67	10.81	5.29	88.72	60.18
盐城	25.13	12.65	22.87	16.21	7.05	8.55	32.01	49.27	52.39
张家界	24.98	5.04	12.70	14.71	1.68	1.26	38.27	87.05	39.13
景德镇	24.33	8.36	18.24	13.31	2.24	4.40	28.65	85.46	34.01
泸州	24.13	6.05	5.99	22.73	2.36	2.80	46.87	66.98	39.23
咸宁	23.96	7.66	10.52	13.10	2.60	10.79	29.36	66.92	50.68
萍乡	23.94	8.76	10.04	16.68	2.22	3.73	26.90	80.42	42.75
郴州	23.93	7.14	8.62	15.65	3.24	2.97	23.87	85.47	44.48
怀化	23.76	3.06	22.32	5.12	2.01	1.92	27.32	83.99	44.36
黄石	23.57	10.11	15.22	19.02	2.72	14.22	23.68	56.56	47.02

续表

城市	总指数	创新制度	研发投入	创新基础	创新转化	创造产出	绿色经济	生态环境	健康生活
淮安	23.35	12.59	15.94	22.83	1.70	4.30	32.74	43.38	53.31
雅安	23.31	8.20	9.01	14.15	0.94	3.31	25.71	76.72	48.43
遵义	23.15	8.30	6.25	15.73	5.33	5.41	20.79	81.24	42.18
赣州	22.93	5.75	14.17	13.46	4.43	2.55	28.69	87.47	26.94
荆门	22.83	9.12	19.83	13.11	2.00	8.26	26.71	55.06	48.53
宣城	22.82	6.37	21.63	10.97	2.19	5.57	30.82	65.51	39.47
永州	22.60	3.36	16.38	9.26	2.91	0.87	25.02	79.16	43.83
娄底	22.60	4.51	11.90	11.16	1.43	1.18	29.50	74.52	46.56
蚌埠	22.53	7.25	21.58	27.78	2.72	13.21	43.98	28.33	35.37
宜宾	22.53	6.71	8.48	18.47	2.32	1.10	45.39	61.13	36.62
吉安	22.40	4.84	11.19	9.79	1.98	2.55	32.67	88.38	27.79
广元	22.32	4.28	4.11	15.95	1.88	0.66	25.84	83.54	42.33
乐山	21.77	7.48	6.91	17.07	1.30	2.85	30.69	64.25	43.60
巴中	21.48	2.28	2.28	13.28	0.59	0.83	36.06	81.52	35.01
鄂州	21.23	13.85	13.52	22.09	1.25	3.35	33.72	42.54	39.55
池州	21.17	6.02	8.56	14.93	0.64	2.56	31.81	65.82	38.98
随州	21.13	5.68	16.86	11.06	0.78	2.63	30.07	65.48	36.47
黄冈	21.02	4.20	16.20	6.91	4.73	7.52	29.92	60.49	38.19
荆州	20.91	4.88	23.24	16.17	2.59	8.63	23.22	45.67	42.84
自贡	20.87	6.96	7.25	22.30	2.08	4.86	57.12	39.46	26.95
六安	20.55	3.59	14.13	9.05	1.54	1.36	30.57	68.33	35.81
铜仁	20.46	4.07	18.11	6.21	1.38	1.05	13.58	81.98	37.28
抚州	20.40	4.59	11.13	9.12	2.11	2.58	30.99	82.08	20.63
玉溪	20.38	9.11	8.30	6.18	1.09	2.05	22.72	79.83	33.77
九江	20.34	8.29	8.18	14.21	4.13	1.94	21.22	67.41	37.31
安顺	20.08	5.08	7.55	11.77	1.35	11.61	15.56	81.14	26.62
德阳	19.90	9.71	17.44	20.49	2.09	5.07	21.17	35.57	47.68
宜春	19.85	5.21	16.76	8.71	1.83	2.46	24.74	76.09	23.01

城市	总指数	创新制度	研发投入	创新基础	创新转化	创造产出	绿色经济	生态环境	健康生活
毕节	19.85	3.75	11.70	5.12	0.49	0.49	25.32	82.04	29.86
安庆	19.70	5.48	11.16	11.29	1.87	3.08	31.97	57.86	34.87
眉山	19.63	5.86	9.33	18.73	0.94	1.29	32.43	50.29	38.18
宿迁	19.35	9.25	14.27	12.89	1.54	2.01	27.20	38.29	49.32
资阳	19.35	5.69	1.63	11.21	0.29	2.18	38.46	58.12	37.19
六盘水	19.27	8.00	6.93	12.80	0.33	1.98	11.46	82.68	29.96
邵阳	19.22	1.98	23.07	9.03	3.58	1.38	28.06	71.98	14.69
达州	19.22	3.72	26.46	2.88	1.73	0.29	32.40	69.15	17.14
南充	19.14	4.73	3.48	15.24	1.95	0.92	28.31	60.68	37.79
孝感	18.94	4.63	18.17	8.88	2.50	8.29	30.63	48.32	30.08
遂宁	18.84	5.89	3.95	12.59	1.53	1.38	31.95	55.70	37.75
上饶	17.77	3.73	6.96	6.21	1.50	1.73	15.89	78.96	27.16
普洱	17.52	4.39	6.38	2.08	2.00	1.12	19.67	90.25	14.28
丽江	17.40	2.90	6.37	7.89	1.47	2.30	15.18	88.29	14.81
保山	17.22	2.80	4.05	7.14	1.38	0.83	14.93	90.54	16.09
广安	17.21	5.81	1.23	11.40	0.74	0.83	34.32	66.08	17.27
淮南	17.07	6.42	10.07	18.18	1.79	5.64	28.51	32.70	33.22
临沧	16.62	2.35	4.34	0.10	1.85	0.69	28.07	89.29	6.27
内江	16.21	5.20	3.01	16.53	2.15	1.27	35.60	41.84	24.09
滁州	16.17	5.52	16.47	12.45	3.38	5.80	27.68	28.43	29.63
曲靖	15.63	4.14	7.86	3.13	1.38	0.46	19.28	76.67	12.14
淮北	15.22	6.08	11.58	15.53	3.09	3.70	32.59	10.14	39.01
昭通	14.95	1.11	0.74	3.29	1.01	0.47	33.82	71.35	7.83
阜阳	12.49	2.07	7.15	10.28	3.85	1.46	21.16	22.47	31.53
宿州	11.54	2.79	5.90	9.18	1.23	1.43	28.40	13.60	29.81
亳州	10.93	1.35	8.57	7.44	0.69	1.76	30.65	18.10	18.87

附表4　　　　　　　　　2018 年评价结果

城市	总指数	创新制度	研发投入	创新基础	创新转化	创造产出	绿色经济	生态环境	健康生活
上海	78.19	120.21	56.93	70.20	100.23	63.05	93.26	40.31	81.34
南京	60.31	51.16	36.18	80.85	52.55	98.27	45.37	46.43	71.70
杭州	58.99	52.77	42.19	65.21	43.38	60.24	48.67	72.09	87.40
武汉	55.69	45.74	30.74	95.12	49.60	71.52	42.94	39.71	70.18
成都	54.54	43.35	32.46	81.93	38.15	72.67	47.81	50.91	69.02
长沙	48.89	33.41	35.16	75.74	25.28	39.08	43.56	69.70	69.21
苏州	48.88	42.88	45.83	39.13	80.06	38.30	37.47	44.44	62.95
合肥	45.39	28.28	53.25	64.74	23.70	45.77	44.58	48.79	54.02
重庆	42.28	41.12	23.55	67.83	28.76	16.96	39.23	70.74	50.00
宁波	41.00	33.41	37.49	37.39	11.39	25.56	43.50	72.71	66.56
无锡	40.01	37.50	37.84	31.08	24.58	29.52	53.52	40.45	65.59
昆明	38.73	19.20	20.11	64.82	17.71	23.79	25.38	77.89	60.93
贵阳	38.19	20.95	29.47	50.28	14.88	24.82	16.74	81.89	66.48
株洲	38.00	13.23	83.01	25.31	4.29	19.52	32.12	76.12	50.43
南昌	37.93	23.48	20.08	65.65	22.61	20.96	33.16	66.67	50.85
绍兴	37.15	19.88	31.14	29.17	6.62	23.78	44.13	75.56	66.95
温州	35.13	16.25	23.90	17.97	10.66	26.37	41.12	78.54	66.23
常州	35.02	29.95	21.17	32.39	28.40	24.42	46.27	36.10	61.43
舟山	34.72	23.38	15.58	27.39	2.05	18.30	54.15	65.15	71.79
绵阳	34.20	9.91	60.00	28.01	8.14	11.95	33.05	71.50	51.05
镇江	34.06	23.83	25.59	28.82	14.04	34.76	49.21	41.90	54.10
湘潭	33.67	13.06	56.64	27.33	3.91	18.78	34.35	64.53	50.77
湖州	33.51	21.47	32.63	20.76	6.09	29.81	31.41	62.00	63.92
南通	33.30	23.24	28.29	23.28	24.44	13.07	47.55	49.70	56.82
芜湖	32.74	16.00	45.66	26.17	10.50	31.67	37.52	47.82	46.60
丽水	32.32	13.29	20.86	10.67	2.50	7.13	32.32	96.78	74.97
衢州	32.10	12.33	21.24	11.94	2.83	14.44	36.67	87.32	70.00
扬州	32.09	23.65	15.56	26.74	8.88	14.30	75.39	40.01	52.19

续表

城市	总指数	创新制度	研发投入	创新基础	创新转化	创造产出	绿色经济	生态环境	健康生活
金华	31.34	15.38	25.65	13.40	6.29	13.34	30.84	79.32	66.54
台州	31.31	14.51	21.24	11.60	4.69	19.29	35.82	79.01	64.27
益阳	31.00	6.01	51.72	15.36	3.95	2.51	41.70	77.84	48.89
宜昌	30.20	24.68	21.78	17.35	4.80	18.49	26.52	74.84	53.15
泰州	30.19	21.65	26.59	18.49	9.23	10.81	52.38	47.42	54.93
常德	29.51	10.99	33.80	15.93	6.15	3.51	38.58	70.03	57.09
十堰	29.33	8.39	15.96	19.89	2.74	19.26	29.20	80.78	58.41
嘉兴	29.09	23.46	31.48	17.93	8.34	20.97	36.22	36.13	58.18
徐州	28.83	17.82	20.24	23.39	20.20	13.10	42.77	32.28	60.84
黄山	28.57	9.65	18.07	9.46	3.13	4.08	36.50	99.35	48.29
怀化	28.18	4.35	37.70	9.56	2.52	2.29	33.45	89.21	46.32
景德镇	28.01	9.03	16.77	13.83	2.24	1.38	26.11	88.93	65.77
衡阳	27.95	7.01	31.16	24.21	3.40	3.17	36.17	71.90	46.60
岳阳	27.53	13.41	44.38	16.46	5.02	1.98	29.52	59.76	49.69
马鞍山	27.21	15.11	25.32	21.73	5.41	17.63	39.33	50.82	42.35
盐城	27.00	14.75	24.46	17.35	8.97	9.65	35.13	51.20	54.52
永州	26.91	3.92	35.67	9.45	3.94	0.87	32.08	80.94	48.43
襄阳	26.85	13.95	21.81	18.03	6.57	16.38	35.01	54.95	48.12
铜陵	26.82	13.34	19.21	21.56	2.20	5.44	50.59	59.48	42.73
鹰潭	26.74	11.22	28.05	12.93	3.41	4.04	29.92	82.62	41.71
淮安	26.62	14.81	16.46	23.85	2.31	5.31	42.29	51.50	56.45
萍乡	26.61	8.21	15.37	21.34	2.58	4.94	36.46	80.42	43.53
新余	26.42	14.48	17.34	27.41	1.43	3.71	34.50	71.05	41.42
泸州	25.86	8.26	6.15	23.51	2.26	4.79	47.58	71.81	42.54
连云港	25.83	12.51	21.14	19.88	10.39	12.21	22.78	51.61	56.12
遵义	25.46	10.98	6.06	16.30	6.20	9.05	23.28	85.39	46.47
张家界	25.38	5.56	14.10	14.04	1.66	1.02	35.51	90.02	41.13
咸宁	25.28	8.83	16.58	12.01	2.86	13.96	26.28	69.43	52.27

续表

城市	总指数	创新制度	研发投入	创新基础	创新转化	创造产出	绿色经济	生态环境	健康生活
雅安	24.91	9.87	8.92	14.40	0.96	3.17	27.01	83.42	51.52
宜宾	24.84	9.58	8.04	22.51	2.79	1.09	52.17	62.17	40.38
随州	24.66	6.36	19.62	12.00	0.74	2.04	40.58	71.32	44.65
郴州	24.50	8.36	10.07	16.46	3.97	1.66	23.33	85.74	46.45
娄底	24.38	5.37	22.02	11.88	1.55	1.31	29.70	76.61	46.62
黄石	24.34	11.30	16.69	19.31	3.17	14.57	23.94	58.81	46.94
赣州	23.85	6.97	16.02	14.81	5.37	3.15	26.90	87.33	30.23
宣城	23.80	7.85	24.30	8.91	2.74	7.90	27.19	70.81	40.67
乐山	23.51	9.02	6.47	17.94	1.32	4.51	29.91	73.04	45.86
广元	23.29	5.15	3.71	16.60	2.06	0.59	27.55	84.76	45.93
荆门	23.27	11.66	20.49	13.35	2.49	9.78	30.12	48.70	49.59
攀枝花	23.15	16.64	8.07	14.95	1.55	8.44	5.71	88.37	41.45
邵阳	23.11	2.83	25.86	8.98	4.19	1.58	26.31	79.17	35.97
吉安	22.94	6.01	14.46	8.12	3.25	2.79	36.79	83.25	28.87
蚌埠	22.87	8.89	24.82	26.03	2.82	13.87	30.22	34.59	41.74
德阳	22.86	11.84	17.00	20.92	2.32	5.41	23.39	52.18	49.81
铜仁	22.85	6.30	18.75	6.70	1.52	6.11	14.57	88.48	40.36
鄂州	22.71	15.94	11.84	22.57	1.43	4.98	36.16	49.19	39.55
巴中	22.61	2.92	1.92	13.99	0.96	1.17	37.80	86.52	35.59
荆州	22.60	8.20	27.46	16.76	3.09	12.22	17.36	52.11	43.57
九江	22.54	11.02	11.21	15.12	4.79	1.97	24.76	71.74	39.68
自贡	22.12	7.76	8.59	22.15	1.61	4.97	61.00	40.77	30.12
抚州	22.04	4.99	16.80	9.84	2.96	3.05	31.82	83.49	23.34
池州	21.72	7.47	12.10	11.59	0.91	3.43	23.71	74.78	39.75
黄冈	21.69	4.77	15.41	7.67	6.53	8.48	34.52	58.70	37.48
宜春	21.54	5.93	19.23	9.32	3.01	3.03	26.02	79.97	25.80
安顺	21.52	5.94	10.01	11.80	1.42	9.00	16.38	86.09	31.54
玉溪	21.45	11.30	9.22	6.53	1.10	2.52	23.11	82.23	35.61

城市	总指数	创新制度	研发投入	创新基础	创新转化	创造产出	绿色经济	生态环境	健康生活
眉山	21.32	8.33	8.60	20.80	1.13	1.37	32.97	57.37	40.02
安庆	21.22	7.00	12.52	12.12	2.33	3.41	35.27	60.79	36.31
遂宁	20.96	6.54	6.89	13.44	1.16	1.04	33.85	63.25	41.50
毕节	20.92	5.92	17.99	5.21	0.46	2.22	26.10	83.84	25.63
六盘水	20.28	8.13	9.21	13.05	0.74	2.04	11.27	83.01	34.77
资阳	20.23	6.46	4.03	11.59	0.27	2.62	39.41	55.99	41.50
南充	20.17	5.00	3.81	16.02	1.77	1.47	30.92	61.55	40.79
上饶	19.96	6.19	9.28	7.18	2.16	2.37	20.95	84.20	27.33
六安	19.85	3.91	15.83	12.39	1.77	1.65	22.36	63.97	36.92
滁州	19.79	8.31	20.20	13.20	3.36	6.49	28.75	46.95	31.07
宿迁	19.78	9.70	18.17	13.23	1.89	2.59	20.76	39.77	52.12
孝感	19.16	5.28	17.24	9.09	2.80	9.76	27.07	46.21	35.81
广安	18.88	6.52	1.60	11.55	0.93	0.85	32.05	66.18	31.37
保山	18.53	3.52	5.26	6.89	1.50	0.55	15.90	91.31	23.27
达州	18.49	4.32	4.28	16.54	1.94	0.66	33.16	67.44	19.59
丽江	18.47	4.27	5.73	14.31	1.47	1.45	17.34	88.46	14.76
内江	17.99	5.69	3.36	17.39	2.16	1.42	36.14	51.37	26.42
普洱	17.92	4.02	4.09	2.24	2.00	1.43	21.49	91.23	16.86
淮南	17.40	4.63	12.57	20.23	1.73	7.10	23.13	35.81	33.96
临沧	16.71	2.75	3.47	0.32	1.87	0.37	26.76	90.41	7.75
曲靖	16.33	4.52	7.13	3.56	1.13	0.54	20.42	78.46	14.92
阜阳	15.71	2.59	8.32	10.33	4.32	2.40	21.94	39.56	36.24
昭通	15.59	1.19	0.67	6.25	1.01	0.33	33.75	74.62	6.93
淮北	15.50	6.78	11.26	15.14	3.28	5.37	19.98	22.35	39.82
宿州	13.10	3.32	6.47	10.33	1.02	2.28	24.82	25.66	30.88
亳州	11.62	1.76	8.64	8.44	1.28	2.69	23.14	23.63	23.36

附表5 2019 年评价结果

城市	总指数	创新制度	研发投入	创新基础	创新转化	创造产出	绿色经济	生态环境	健康生活
上海	82.76	118.98	59.88	71.08	114.92	69.51	97.56	47.38	82.81
南京	68.31	53.47	35.95	80.96	73.30	112.72	57.41	52.17	80.54
杭州	64.00	50.84	55.01	62.48	54.88	67.85	56.39	76.40	88.12
成都	57.99	35.31	41.44	87.81	44.31	64.53	52.91	62.16	75.47
武汉	57.57	40.62	34.00	96.34	55.50	82.95	45.88	38.07	67.20
苏州	53.09	46.84	52.50	40.06	90.24	30.66	44.96	51.36	68.14
长沙	52.50	33.26	42.19	78.05	34.09	47.68	46.53	68.92	69.29
合肥	50.69	28.72	59.23	67.71	26.29	49.01	67.10	45.89	61.59
宁波	43.95	36.48	44.94	36.62	14.45	30.85	45.57	72.29	70.43
镇江	43.94	25.20	24.38	31.58	14.69	35.69	116.48	46.73	56.80
重庆	43.77	40.40	24.59	70.03	33.64	14.72	40.87	72.81	53.11
株洲	42.49	13.66	79.52	25.35	4.72	28.08	63.69	73.62	51.31
昆明	42.45	23.68	27.79	71.50	19.14	23.23	27.92	81.42	64.93
无锡	41.60	39.12	39.07	30.96	17.10	32.64	55.50	46.63	71.74
湘潭	40.62	13.36	67.89	27.17	4.51	25.62	69.53	63.72	53.13
贵阳	39.79	18.98	33.17	52.62	15.10	27.30	17.73	83.31	70.13
南昌	39.43	24.86	22.05	64.57	24.35	24.05	34.61	66.00	54.98
绍兴	39.27	21.57	38.78	29.26	8.14	24.08	48.97	75.53	67.83
扬州	39.18	25.63	15.77	29.78	11.03	15.13	111.17	46.09	58.84
常州	37.36	32.83	22.83	32.08	29.00	26.15	46.61	44.21	65.21
温州	37.01	15.75	28.21	18.73	13.07	30.25	41.27	80.75	68.06
泰州	36.35	21.83	27.09	19.74	10.02	10.09	87.39	54.01	60.61
舟山	36.17	23.45	22.34	27.72	2.14	19.24	55.67	71.23	67.58
芜湖	35.63	18.39	46.20	26.68	10.39	36.41	44.33	56.44	46.19
绵阳	35.47	10.19	56.87	28.12	6.79	12.87	36.93	79.37	52.60
南通	34.86	27.48	27.25	21.36	25.98	14.61	47.09	54.73	60.36
金华	34.83	17.22	29.80	14.21	7.87	22.79	34.33	82.44	70.02
湖州	34.68	23.03	34.47	18.58	7.33	25.00	34.32	69.16	65.54

城市	总指数	创新制度	研发投入	创新基础	创新转化	创造产出	绿色经济	生态环境	健康生活
丽水	34.53	13.73	27.67	13.36	2.66	7.08	37.67	98.35	75.72
台州	33.75	15.11	28.79	12.35	6.32	21.43	39.07	80.56	66.35
衢州	33.36	13.32	27.99	10.31	3.22	19.51	33.12	89.46	69.95
十堰	32.74	10.14	17.59	20.98	3.20	19.54	51.91	81.47	57.08
嘉兴	32.68	24.75	36.35	18.10	10.65	26.43	42.43	42.10	60.69
宜昌	31.10	21.86	27.00	17.80	5.12	20.56	29.46	74.12	52.90
衡阳	31.07	7.56	32.15	19.88	3.50	4.12	59.37	72.85	49.17
怀化	30.66	4.30	54.70	6.48	2.52	3.01	36.46	90.88	46.96
徐州	30.63	17.78	18.23	24.07	21.23	15.29	44.40	37.66	66.37
益阳	30.09	5.64	53.94	17.29	3.52	3.41	45.44	64.22	47.25
黄山	29.55	11.45	20.08	10.81	3.38	3.30	39.53	97.77	50.06
盐城	29.07	15.49	25.01	18.31	13.28	11.28	37.79	53.37	58.04
马鞍山	28.94	17.06	28.69	22.60	4.99	20.55	42.28	51.59	43.77
张家界	28.35	4.78	29.40	15.58	1.50	2.22	31.32	90.35	51.66
永州	28.21	5.19	38.28	11.05	4.01	1.51	34.88	81.56	49.18
萍乡	27.99	7.33	21.12	22.99	2.91	7.06	37.49	80.45	44.60
宜宾	27.79	10.10	10.24	24.17	3.10	1.69	62.05	69.42	41.53
遵义	27.79	12.02	6.10	16.86	6.94	12.89	27.87	88.24	51.36
铜陵	27.74	10.05	30.93	21.33	2.49	9.27	47.12	59.09	41.61
岳阳	27.70	12.71	43.22	15.88	4.31	2.28	32.41	63.42	47.36
泸州	27.69	7.98	8.37	23.47	2.55	4.48	54.05	73.24	47.36
郴州	27.40	8.76	11.40	31.74	3.52	2.95	23.95	87.98	48.92
襄阳	27.34	15.55	20.00	18.75	6.86	15.03	41.32	52.20	49.02
雅安	27.32	7.85	12.30	17.96	0.98	3.16	33.74	86.54	56.03
淮安	27.30	15.79	17.23	26.06	3.91	7.27	37.74	48.58	61.87
自贡	27.21	7.55	12.32	27.15	1.67	5.28	59.83	55.52	48.39
咸宁	27.20	9.92	21.78	12.91	3.09	16.78	32.03	68.67	52.41
景德镇	27.06	9.04	21.63	14.65	2.49	9.28	31.16	90.46	37.74

续表

城市	总指数	创新制度	研发投入	创新基础	创新转化	创造产出	绿色经济	生态环境	健康生活
鹰潭	26.82	13.46	32.99	12.27	3.58	5.04	26.86	78.13	42.20
连云港	26.58	14.96	19.44	20.89	8.20	12.25	27.81	48.39	60.71
新余	26.06	13.72	13.42	28.22	1.94	5.73	31.65	71.87	41.96
娄底	25.71	5.80	32.54	12.97	1.52	1.21	25.39	76.11	50.17
宣城	25.70	10.12	24.51	10.48	2.53	7.77	31.80	77.39	41.00
黄石	25.39	12.42	17.12	20.79	3.65	14.07	22.72	62.47	49.91
蚌埠	25.37	10.92	27.16	26.25	2.73	15.14	32.20	44.31	44.27
赣州	25.36	10.33	19.66	15.49	6.83	3.67	22.75	90.64	33.53
攀枝花	25.31	13.90	7.94	31.95	1.71	9.92	7.20	88.25	41.64
乐山	25.25	9.31	7.22	18.42	1.36	4.53	34.80	79.18	47.14
荆州	25.16	7.70	35.82	17.81	3.63	12.33	24.14	57.00	42.88
常德	24.81	10.43	2.74	13.79	5.53	5.18	36.90	65.44	58.44
邵阳	24.72	3.28	23.13	11.67	4.03	2.09	32.35	79.68	41.51
九江	24.61	12.10	14.01	15.88	6.00	2.35	32.22	73.62	40.67
德阳	24.45	11.43	19.58	21.41	2.91	4.32	24.78	60.20	51.00
吉安	24.40	7.02	13.70	8.62	4.13	3.52	39.08	86.90	32.25
抚州	24.32	5.77	20.89	10.08	3.40	3.99	29.91	89.19	31.35
广元	24.02	4.96	4.87	16.62	2.08	0.59	30.26	85.35	47.45
荆门	23.92	11.51	20.51	15.32	2.23	10.11	39.44	44.21	48.07
巴中	23.68	2.44	2.79	14.45	1.32	1.49	41.84	86.79	38.33
铜仁	23.68	6.11	20.20	6.97	1.31	5.26	16.88	89.36	43.36
宜春	23.58	7.49	18.20	11.55	4.12	2.86	33.67	80.51	30.23
玉溪	23.42	13.90	10.61	7.51	1.46	2.32	32.50	79.98	39.07
鄂州	23.39	18.40	9.27	21.73	1.55	5.18	39.06	52.36	39.56
眉山	23.35	7.21	8.95	21.79	1.33	0.93	33.82	70.45	42.34
随州	23.17	7.55	20.09	12.64	0.80	2.28	37.08	69.23	35.69
安顺	22.84	6.43	11.74	15.72	1.54	6.87	17.38	88.01	35.04
池州	22.65	8.86	11.49	12.75	1.27	4.43	29.80	72.82	39.76

城市	总指数	创新制度	研发投入	创新基础	创新转化	创造产出	绿色经济	生态环境	健康生活
黄冈	22.50	5.22	15.97	8.02	6.93	8.80	33.45	66.77	34.85
宿迁	22.49	11.14	20.69	16.47	2.25	2.67	25.31	41.00	60.39
毕节	22.30	4.83	22.58	6.02	0.45	2.83	25.77	86.21	29.72
安庆	22.30	8.53	13.01	12.66	2.45	3.25	41.64	59.26	37.59
南充	22.12	5.10	3.98	16.52	1.86	1.73	34.80	72.09	40.90
遂宁	22.12	6.10	7.29	13.45	1.54	0.75	35.46	69.14	43.18
六安	21.86	4.80	15.99	15.45	2.07	2.30	28.85	68.05	37.34
六盘水	21.58	6.83	11.08	16.44	0.77	3.17	10.06	86.94	37.35
滁州	21.31	12.03	17.55	13.78	4.13	9.79	28.33	45.59	39.26
资阳	20.46	3.84	5.29	12.96	0.31	2.63	34.07	62.58	42.03
上饶	20.31	5.92	9.90	9.82	3.07	2.53	16.46	84.10	30.68
孝感	20.16	6.80	16.90	9.02	2.78	10.48	29.33	49.21	36.73
丽江	20.13	5.63	6.56	11.39	1.49	0.66	19.92	90.70	24.73
保山	19.78	5.27	5.24	7.06	1.51	0.38	19.97	90.69	28.11
普洱	19.62	5.18	2.03	2.65	1.73	0.87	33.02	90.73	20.78
内江	19.38	5.39	4.09	18.33	2.20	1.53	35.90	60.33	27.31
广安	18.70	6.02	2.98	11.89	0.99	0.90	33.73	70.47	22.60
临沧	18.43	3.84	5.81	0.88	1.87	0.23	30.51	91.02	13.24
达州	18.41	4.68	5.06	12.90	2.51	0.33	33.04	69.13	19.62
曲靖	17.69	6.64	6.79	4.35	1.19	0.88	27.87	75.31	18.51
淮南	17.08	5.35	12.17	20.33	1.63	7.04	24.60	30.91	34.64
淮北	16.93	7.41	15.01	17.12	3.20	5.08	23.73	22.19	41.72
阜阳	16.12	5.21	8.33	10.61	5.88	3.13	29.30	29.36	37.14
昭通	15.99	2.43	0.31	2.70	0.77	0.16	34.58	76.70	10.30
宿州	15.25	5.01	5.99	10.46	1.35	2.57	31.81	33.37	31.44
亳州	12.36	3.41	7.19	10.19	1.39	2.67	25.30	20.57	28.20

附录 2 关于绿色发展、绿色创新的 政策汇编①

1 中央相关政策

1.1 习近平总书记关于推动长江经济带发展的重要讲话

2016 年 1 月 5 日，习近平总书记在重庆主持召开推动长江经济带发展座谈会，并明确指出，长江是中华民族的母亲河，也是中华民族发展的重要支撑；推动长江经济带发展必须从中华民族长远利益考虑，把修复长江生态环境摆在压倒性位置，共抓大保护、不搞大开发，努力把长江经济带建设成生态更优美、交通更顺畅、经济更协调、市场更统一、机制更科学的黄金经济带，探索出一条生态优先、绿色发展新路子。

2018 年 4 月 26 日，习近平总书记在深入推动长江经济带发展座谈会上强调，第一，正确把握整体推进和重点突破的关系，全面做好长江生态环境保护修复工作。推动长江经济带发展，前提是坚持生态优先，把修复长江生态环境摆在压倒性位置，逐步解决长江生态环境透支问题。第二，正确把握生态环境保护和经济发展的关系，探索协同推进生态优先和绿色发展新路子。推动长江经济带探索生态优先、绿色发展的新路子，关键是要处理好绿水青山和金山银山的关系。第三，正确把握总体谋划和久久为功的关系，坚定不移将一张蓝图干到底。推动长江经济带发展涉及经济社会发展各领域，是一

---

① 相关法律、政策均为节选，有删减。

个系统工程，不可能毕其功于一役。要做好顶层设计，要有"功成不必在我"的境界和"功成必定有我"的担当，一张蓝图干到底，以钉钉子精神，脚踏实地抓成效，积小胜为大胜。第四，正确把握破除旧动能和培育新动能的关系，推动长江经济带建设现代化经济体系。要扎实推进供给侧结构性改革，推动长江经济带发展动力转换，建设现代化经济体系。第五，正确把握自身发展和协同发展的关系，努力将长江经济带打造成为有机融合的高效经济体。树立"一盘棋"思想，把自身发展放到协同发展的大局之中，实现错位发展、协调发展、有机融合，形成整体合力。

2020 年 11 月 14 日，习近平总书记在全面推动长江经济带发展座谈会上强调，要坚定不移贯彻新发展理念，推动长江经济带高质量发展，谱写生态优先绿色发展新篇章，打造区域协调发展新样板，构筑高水平对外开放新高地，塑造创新驱动发展新优势，绘就山水人城和谐相融新画卷，使长江经济带成为我国生态优先绿色发展主战场、畅通国内国际双循环主动脉、引领经济高质量发展主力军。

1.2 《国务院关于依托黄金水道推动长江经济带发展的指导意见》

打造沿江绿色能源产业带。积极开发利用水电，在做好环境保护和移民安置的前提下，以金沙江、雅砻江、大渡河、澜沧江等为重点，加快水电基地和送出通道建设，扩大向下游地区送电规模。加快内蒙古西部至华中煤运通道建设，在中游地区适度规划布局大型高效清洁燃煤电站，增加电力、天然气等输入能力。研究制定新城镇新能源新生活行动计划，大力发展分布式能源、智能电网、绿色建筑和新能源汽车，推进能源生产和消费方式变革。立足资源优势，创新体制机制，推进页岩气勘查开发，通过竞争等方式出让页岩气探矿权，建设四川长宁—威远、滇黔北、重庆涪陵等国家级页岩气综合开发示范区。稳步推进沿海液化天然气接收站建设，统筹利用国内外天然气，提高居民用气水平。

科学引导沿江城市发展。依托近山傍水的自然生态环境，合理确定城市功能布局和空间形态，促进城市建设与山脉水系相互融合，建设富有江城特色的宜居城市。加强城区河湖水域岸线管理。集聚科技创新要素，节约集约利用资源，提升信息化水平。延续城市历史文脉，推进创新城市、绿色城市、智慧城市、人文城市建设。加强公共交通、防洪排涝等基础设施建设，提高教育、医疗等公共服务水平，提高承载能力。

建设绿色生态廊道。顺应自然，保育生态，强化长江水资源保护和合理利用，加大重点生态功能区保护力度，加强流域生态系统修复和环境综合治理，稳步提高长江流域水质，显著改善长江生态环境。

严格控制和治理长江水污染。明确水功能区限制纳污红线，完善水功能区监督管理制度，科学核定水域纳污容量，严格控制入河（湖）排污总量。加大沿江化工、造纸、印染、有色等排污行业环境隐患排查和集中治理力度，实行长江干支流沿线城镇污水垃圾全收集全处理，加强农业畜禽、水产养殖污染物排放控制及农村污水垃圾治理，强化水上危险品运输安全环保监管、船舶溢油风险防范和船舶污水排放控制。加强三峡库区、丹江口库区、洞庭湖、鄱阳湖、长江口及长江源头等水体的水质监测和综合治理，强化重点水域保护，确保流域水质稳步改善。

妥善处理江河湖泊关系。综合考虑防洪、生态、供水、航运和发电等需求，进一步开展以三峡水库为核心的长江上游水库群联合调度研究与实践。加强长江与洞庭湖、鄱阳湖演变与治理研究，论证洞庭湖、鄱阳湖水系整治工程，进行蓄滞洪区的分类和调整研究。完善防洪保障体系，实施长江河道崩岸治理及河道综合整治工程，尽快完成长江流域山洪灾害防治项目，推进长江中下游蓄滞洪区建设及中小河流治理。

加强流域环境综合治理。完善污染物排放总量控制制度，加强二氧化硫、氮氧化物、$PM_{2.5}$（细颗粒物）等主要大气污染物综合防治，严格控制煤炭消费总量。加强挥发性有机物排放重点行业整治，扭转中下游地区、四川盆地等区域性雾霾、酸雨恶化态势，改善沿江城市空气质量。推进农村环境综合整治，降低农药和化肥使用强度，加大土壤污染防治力度，强化重点行业和重点区域重金属污染综合治理。大力推进工业园区污染集中治理和循环化改造，鼓励企业采用清洁生产技术。积极推进城镇污水处理设施和配套污水管网建设，提高现有污水处理设施处理效率。

强化沿江生态保护和修复。坚定不移实施主体功能区制度，率先划定沿江生态保护红线，强化国土空间合理开发与保护，加大重点生态功能区建设和保护力度，构建中上游生态屏障。中上游重点实施山地丘陵地区坡耕地治理、退耕还林还草和岩溶地区石漠化治理，中下游重点实施生态清洁小流域综合治理及退田还草还湖还湿。加大沿江天然林草资源保护和长江防护林体系建设力度，加强沿江风景名胜资源保护和山地丘陵地区林草植被保护。

1.3　《国家创新驱动发展战略纲要》

推动产业技术体系创新，创造发展新优势。加快工业化和信息化深度融合，把数字化、网络化、智能化、绿色化作为提升产业竞争力的技术基点，推进各领域新兴技术跨界创新，构建结构合理、先进管用、开放兼容、自主可控、具有国际竞争力的现代产业技术体系，以技术的群体性突破支撑引领新兴产业集群发展，推进产业质量升级。①发展新一代信息网络技术，增强经济社会发展的信息化基础。②发展智能绿色制造技术，推动制造业向价值链高端攀升。③发展生态绿色高效安全的现代农业技术，确保粮食安全、食品安全。④发展安全清洁高效的现代能源技术，推动能源生产和消费革命。⑤发展资源高效利用和生态环保技术，建设资源节约型和环境友好型社会。⑥发展海洋和空间先进适用技术，培育海洋经济和空间经济。⑦发展智慧城市和数字社会技术，推动以人为本的新型城镇化。⑧发展先进有效、安全便捷的健康技术，应对重大疾病和人口老龄化挑战。⑨发展支撑商业模式创新的现代服务技术，驱动经济形态高级化。⑩发展引领产业变革的颠覆性技术，不断催生新产业、创造新就业。

强化原始创新，增强源头供给。坚持国家战略需求和科学探索目标相结合，加强对关系全局的科学问题研究部署，增强原始创新能力，提升我国科学发现、技术发明和产品产业创新的整体水平，支撑产业变革和保障国家安全。①加强面向国家战略需求的基础前沿和高技术研究。②大力支持自由探索的基础研究。③建设一批支撑高水平创新的基础设施和平台。

优化区域创新布局，打造区域经济增长极。聚焦国家区域发展战略，以创新要素的集聚与流动促进产业合理分工，推动区域创新能力和竞争力整体提升。①构建各具特色的区域创新发展格局。②跨区域整合创新资源。构建跨区域创新网络，推动区域间共同设计创新议题、互联互通创新要素、联合组织技术攻关。提升京津冀、长江经济带等国家战略区域科技创新能力，打造区域协同创新共同体，统筹和引领区域一体化发展。③打造区域创新示范引领高地。

1.4 《关于创新体制机制推进农业绿色发展的意见》

建立农业绿色循环低碳生产制度。在华北、西北等地下水过度利用区适度压减高耗水作物，在东北地区严格控制旱改水，选育推广节肥、节水、抗病新品种。以土地消纳粪污能力确定养殖规模，引导畜牧业生产向环境容量大的地区转移，科学合理划定禁养区，适度调减南方水网地区养殖总量。禁养区划定减少的畜禽规模养殖用地，可在适宜养殖区域按有关规定及时予以安排，并强化服务。建立低碳、低耗、循环、高效的加工流通体系。探索区域农业循环利用机制，实施粮经饲统筹、种养加结合、农林牧渔融合循环发展。

建立贫困地区农业绿色开发机制。立足贫困地区资源禀赋，坚持保护环境优先，因地制宜选择有资源优势的特色产业，推进产业精准扶贫。把贫困地区生态环境优势转化为经济优势，推行绿色生产方式，大力发展绿色、有机和地理标志优质特色农产品，支持创建区域品牌；推进一二三产融合发展，发挥生态资源优势，发展休闲农业和乡村旅游，带动贫困农户脱贫致富。

健全创新驱动与约束激励机制。构建支撑农业绿色发展的科技创新体系。完善科研单位、高校、企业等各类创新主体协同攻关机制，开展以农业绿色生产为重点的科技联合攻关。在农业投入品减量高效利用、种业主要作物联合攻关、有害生物绿色防控、废弃物资源化利用、产地环境修复和农产品绿色加工贮藏等领域尽快取得一批突破性科研成果。完善农业绿色科技创新成果评价和转化机制，探索建立农业技术环境风险评估体系，加快成熟适用绿色技术、绿色品种的示范、推广和应用。借鉴国际农业绿色发展经验，加强国际科技和成果交流合作。

1.5 《中华人民共和国国民经济和社会发展第十四个五年规划和2035年远景目标纲要》

展望2035年，我国将基本实现社会主义现代化，广泛形成绿色生产生活方式，碳排放达峰后稳中有降，生态环境根本好转，美丽中国建设目标基本实现。

坚持绿水青山就是金山银山理念，坚持尊重自然、顺应自然、保护自然，坚持节约优先、保护优先、自然恢复为主，实施可持续发展战略，完善生态文明领域统筹协调机制，构建生态文明体系，推动经济社会发展全面绿色转型，建设美丽中国。

坚持生态优先、绿色发展，推进资源总量管理、科学配置、全面节约、循环利用，协同推进经济高质量发展和生态环境高水平保护。

全面提高资源利用效率。坚持节能优先方针，深化工业、建筑、交通等领域和公共机构节能，推动5G、大数据中心等新兴领域能效提升，强化重点用能单位节能管理，实施能量系统优化、节能技术改造等重点工程，加快能耗限额、产品设备能效强制性国家标准制修订。实施国家节水行动，建立水资源刚性约束制度，强化农业节水增效、工业节水减排和城镇节水降损，鼓励再生水利用。加强土地节约集约利用，加大批而未供和闲置土地处置力度，盘活城镇低效用地，支持工矿废弃土地恢复利用，完善土地复合利用、立体开发支持政策，新增建设用地规模控制在2950万亩以内，推动单位GDP建设用地使用面积稳步下降。提高矿产资源开发保护水平，发展绿色矿业，建设绿色矿山。

构建资源循环利用体系。全面推行循环经济理念，构建多层次资源高效循环利用体系。深入推进园区循环化改造，补齐和延伸产业链，推进能源资源梯级利用、废物循环利用和污染物集中处置。加强大宗固体废弃物综合利用，规范发展再制造产业。加快发展种养有机结合的循环农业。加强废旧物品回收设施规划建设，完善城市废旧物品回收分拣体系。推行生产企业"逆向回收"等模式，建立健全线上线下融合、流向可控的资源回收体系。拓展生产者责任延伸制度覆盖范围。推进快递包装减量化、标准化、循环化。

大力发展绿色经济。坚决遏制高耗能、高排放项目盲目发展，推动绿色转型实现积极发展。壮大节能环保、清洁生产、清洁能源、生态环境、基础设施绿色升级、绿色服务等产业，推广合同能源管理、合同节水管理、环境污染第三方治理等服务模式。推动煤炭等化石能源清洁高效利用，推进钢铁、石化、建材等行业绿色化改造，加快大宗货物和中长途货物运输"公转铁""公转水"。推动城市公交和物流配送车辆电动化。构建市场导向的绿色技术创新体系，实施绿色技术创新攻关行动，开展重点行业和重点产品资源效率对标提升行动。建立统一的绿色产品标准、认证、标识体系，完善节能家电、高效照明产品、节水器具推广机制。深入开展绿色生活创建行动。

构建绿色发展政策体系。强化绿色发展的法律和政策保障。实施有利于节能环保和资源综合利用的税收政策。大力发展绿色金融。健全自然资源有偿使用制度，创新完善自然资源、污水垃圾处理、用水用能等领域价格形成机制。强化高耗水行业用水定额管理。深化生态文明试验区建设。深入推进山西国家资源型经济转型综合配套改革试验区建设和能源革命综合改革试点。

1.6　《国务院关于加快建立健全绿色低碳循环发展经济体系的指导意见》

健全绿色低碳循环发展的生产体系。推进工业绿色升级。加快实施钢铁、石化、化工、有色、建材、纺织、造纸、皮革等行业绿色化改造。建设资源综合利用基地，促进工业固体废物综合利用。全面推行清洁生产，依法在"双超双有高耗能"行业实施强制性清洁生产审核。完善"散乱污"企业认定办法，分类实施关停取缔、整合搬迁、整改提升等措施。加快实施排污许可制度。加强工业生产过程中危险废物管理。

加快农业绿色发展。鼓励发展生态种植、生态养殖，加强绿色食品、有机农产品认证和管理。发展生态循环农业。强化耕地质量保护与提升，推进退化耕地综合治理。发展林业循环经济，实施森林生态标志产品建设工程。大力推进农业节水，推广高效节水技术。推行水产健康养殖。实施农药、兽用抗菌药使用减量和产地环境净化行动。依法加强养殖水域滩涂统一规划。完善相关水域禁渔管理制度。推进农业与旅游、教育、文化、健康等产业深度融合，加快一二三产业融合发展。

提高服务业绿色发展水平。促进商贸企业绿色升级，培育一批绿色流通主体。有序发展出行、住宿等领域共享经济，规范发展闲置资源交易。加快信息服务业绿色转型，做好大中型数据中心、网络机房绿色建设和改造，建立绿色运营维护体系。推进会展业绿色发展，指导制定行业相关绿色标准，推动办展设施循环使用。推动汽修、装修装饰等行业使用低挥发性有机物含量原辅材料。倡导酒店、餐饮等行业不主动提供一次性用品。

壮大绿色环保产业。建设一批国家绿色产业示范基地，推动形成开放、协同、高效的创新生态系统。打造一批大型绿色产业集团；引导中小企业聚焦主业增强核心竞争力，培育"专精特新"中小企业。推行合同能源管理、合同节水管理、环境污染第三方治理等模式和以环境治理效果为导向的环境托管服务。进一步放开石油、化工、电力、天然气等领域节能环保竞争性业务，鼓励公共机构推行能源托管服务。适时修订绿色产业指导目录，引导产业发展方向。

提升产业园区和产业集群循环化水平。科学编制新建产业园区开发建设规划，依法依规开展规划环境影响评价。推进既有产业园区和产业集群循环化改造，推动公共设施共建共享、能源梯级利用、资源循环利用和污染物集中安全处置等。鼓励建设电、热、冷、气等多种能源协同互济的综合能源项目。鼓励化工等产业园区配套建设危险废物集中贮存、预处理和处置设施。

构建绿色供应链。鼓励企业开展绿色设计、选择绿色材料、实施绿色采购、打造绿色制造工艺、推行绿色包装、开展绿色运输、做好废弃产品回收处理，实现产品全周期的绿色环保。探索建立绿色供应链制度体系。

健全绿色低碳循环发展的流通体系。打造绿色物流。积极调整运输结构，推进铁水、公铁、公水等多式联运，加快铁路专用线建设。加强物流运输组织管理，加快相关公共信息平台建设和信息共享，发展甩挂运输、共同配送。推广绿色低碳运输工具，淘汰更新或改造老旧车船，港口和机场服务、城市物流配送、邮政快递等领域要优先使用新能源或清洁能源汽车；加大推广绿色船舶示范应用力度，推进内河船型标准化。加快港口岸电设施建设，支持机场开展飞机辅助动力装置替代设备建设和应用。支持物流企业构建数字化运营平台，鼓励发展智慧仓储、智慧运输，推动建立标准化托盘循环共用制度。

加强再生资源回收利用。推进垃圾分类回收与再生资源回收"两网融合"，鼓励地方建立再生资源区域交易中心。鼓励企业采用现代信息技术实现废物回收线上与线下有机结合，培育新型商业模式，打造龙头企业，提升行业整体竞争力。完善废旧家电回收处理体系，推广典型回收模式和经验做法。加快构建废旧物资循环利用体系，加强废纸、废塑料、废旧轮胎、废金属、废玻璃等再生资源回收利用，提升资源产出率和回收利用率。

建立绿色贸易体系。积极优化贸易结构，大力发展高质量、高附加值的绿色产品贸易，从严控制高污染、高耗能产品出口。加强绿色标准国际合作，积极引领和参与相关国际标准制定，推动合格评定合作和互认机制，做好绿色贸易规则与进出口政策的衔接。深化绿色"一带一路"合作，拓宽节能环保、清洁能源等领域技术装备和服务合作。

健全绿色低碳循环发展的消费体系。促进绿色产品消费。加大政府绿色采购力度，扩大绿色产品采购范围，逐步将绿色采购制度扩展至国有企业。加强对企业和居民采购绿色产品的引导，鼓励地方采取补贴、积分奖励等方式促进绿色消费。推动电商平台设立绿色产品销售专区。加强绿色产品和服务认证管理，完善认证机构信用监管机制。推广绿色电力证书交易，引领全社会提升绿色电力消费。严厉打击虚标绿色产品行为，有关行政处罚等信息纳入国家企业信用信息公示系统。

倡导绿色低碳生活方式。厉行节约，坚决制止餐饮浪费行为。因地制宜推进生活垃圾分类和减量化、资源化，开展宣传、培训和成效评估。扎实推进塑料污染全链条治理。推进过度包装治理，推动生产经营者遵守限制商品过度包装的强制性标准。提升交通系统智能化水平，积极引导绿色出行。深入开展爱国卫生运动，整治环境脏乱差，打造宜居生活环境。开展绿色生活创建活动。

加快基础设施绿色升级。推动能源体系绿色低碳转型。坚持节能优先，完善能源消费总量和强度双控制度。提升可再生能源利用比例，大力推动风电、光伏发电发展，因地制宜发展水能、地热能、海洋能、氢能、生物质能、光热发电。加快大容量储能技术研发推广，提升电网汇集和外送能力。增加农村清洁能源供应，推动农村发展生物质能。促进燃煤清洁高效开发转化利用。严控新增煤电装机容量。提高能源输配效率。实施城乡配电网建设和智能升级计划，推进农村电网升级改造。加快天然气基础设施建设和互联互通。开展二氧化碳捕集、利用和封存试验示范。

提升交通基础设施绿色发展水平。将生态环保理念贯穿交通基础设施规划、建设、运营和维护全过程，集约利用土地等资源，合理避让具有重要生态功能的国土空间，积极打造绿色公路、绿色铁路、绿色航道、绿色港口、绿色空港。加强新能源汽车充换电、加氢等配套基础设施建设。积极推广应用温拌沥青、智能通风、辅助动力替代和节能灯具、隔声屏障等节能环保先进技术和产品。加大工程建设中废弃资源综合利用力度，推动废旧路面、沥青、疏浚土等材料以及建筑垃圾的资源化利用。

构建市场导向的绿色技术创新体系。鼓励绿色低碳技术研发。实施绿色技术创新攻关行动，围绕节能环保、清洁生产、清洁能源等领域布局一批前瞻性、战略性、颠覆性科技攻关项目。培育建设一批绿色技术国家技术创新中心、国家科技资源共享服务平台等创新基地平台。强化企业创新主体地位，支持企业整合高校、科研院所、产业园区等力量建立市场化运行的绿色技术创新联合体，鼓励企业牵头或参与财政资金支持的绿色技术研发项目、市场导向明确的绿色技术创新项目。

大力发展绿色金融。发展绿色信贷和绿色直接融资，加大对金融机构绿色金融业绩评价考核力度。统一绿色债券标准，建立绿色债券评级标准。发展绿色保险，发挥保险费率调节机制作用。支持符合条件的绿色产业企业上市融资。支持金融机构和相关企业在国际市场开展绿色融资。推动国际绿色金融标准趋同，有序推进绿色金融市场双向开放。推动气候投融资工作。

1.7 《中共中央 国务院关于完整准确全面贯彻新发展理念做好碳达峰碳中和工作的意见》

到 2025 年，绿色低碳循环发展的经济体系初步形成，重点行业能源利用效率大幅提升。单位国内生产总值能耗比 2020 年下降 13.5%；单位国内生产总值二氧化碳排放比 2020 年下降 18%；非化石能源消费比重达到 20% 左右；森林覆盖率达到 24.1%，森林蓄积量达到 180 亿立方米，为实现碳达峰、碳中和奠定坚实基础。

到 2030 年，经济社会发展全面绿色转型取得显著成效，重点耗能行业能源利用效率达到国际先进水平。单位国内生产总值能耗大幅下降；单位国内生产总值二氧化碳排放比 2005 年下降 65% 以上；非化石能源消费比重达到 25% 左右，风电、太阳能发电总装机容量达到 12 亿千瓦以上；森林覆盖率达到 25% 左右，森林蓄积量达到 190 亿立方米，二氧化碳排放量达到峰值并实现稳中有降。

到 2060 年，绿色低碳循环发展的经济体系和清洁低碳安全高效的能源体系全面建立，能源利用效率达到国际先进水平，非化石能源消费比重达到 80% 以上，碳中和目标顺利实现，生态文明建设取得丰硕成果，开创人与自然和谐共生新境界。

推进经济社会发展全面绿色转型。强化绿色低碳发展规划引领。将碳达峰、碳中和目标要求全面融入经济社会发展中长期规划，强化国家发展规划、国土空间规划、专项规划、区域规划和地方各级规划的支撑保障。加强各级各类规划间衔接协调，确保各地区各领域落实碳达峰、碳中和的主要目标、发展方向、重大政策、重大工程等协调一致。

优化绿色低碳发展区域布局。持续优化重大基础设施、重大生产力和公共资源布局，构建有利于碳达峰、碳中和的国土空间开发保护新格局。在京津冀协同发展、长江经济带发展、粤港澳大湾区建设、长三角一体化发展、黄河流域生态保护和高质量发展等区域重大战略实施中，强化绿色低碳发展导向和任务要求。

加快形成绿色生产生活方式。大力推动节能减排，全面推进清洁生产，加快发展循环经济，加强资源综合利用，不断提升绿色低碳发展水平。扩大绿色低碳产品供给和消费，倡导绿色低碳生活方式。把绿色低碳发展纳入国民教育体系。开展绿色低碳社会行动示范创建。凝聚全社会共识，加快形成全民参与的良好格局。

深度调整产业结构。推动产业结构优化升级。加快推进农业绿色发展，促进农业固碳增效。制定能源、钢铁、有色金属、石化化工、建材、交通、建筑等行业和领域碳达峰实施方案。以节能降碳为导向，修订产业结构调整指导目录。开展钢铁、煤炭去产能"回头看"，巩固去产能成果。加快推进工业领域低碳工艺革新和数字化转型。开展碳达峰试点园区建设。加快商贸流通、信息服务等绿色转型，提升服务业低碳发展水平。

大力发展绿色低碳产业。加快发展新一代信息技术、生物技术、新能源、新材料、高端装备、新能源汽车、绿色环保以及航空航天、海洋装备等战略性新兴产业。建设绿色制造体系。推动互联网、大数据、人工智能、第五代移动通信（5G）等新兴技术与绿色低碳产业深度融合。

加快构建清洁低碳安全高效能源体系。大幅提升能源利用效率。把节能贯穿于经济社会发展全过程和各领域，持续深化工业、建筑、交通运输、公共机构等重点领域节能，提升数据中心、新型通信等信息化基础设施能效水平。健全能源管理体系，强化重点用能单位节能管理和目标责任。瞄准国际先进水平，加快实施节能降碳改造升级，打造能效"领跑者"。

积极发展非化石能源。实施可再生能源替代行动，大力发展风能、太阳能、生物质能、海洋能、地热能等，不断提高非化石能源消费比重。坚持集中式与分布式并举，优先推动风能、太阳能就地就近开发利用。因地制宜开发水能。积极安全有序发展核电。合理利用生物质能。加快推进抽水蓄能和新型储能规模化应用。统筹推进氢能"制储输用"全链条发展。构建以新能源为主体的新型电力系统，提高电网对高比例可再生能源的消纳和调控能力。

加快推进低碳交通运输体系建设。优化交通运输结构。加快建设综合立体交通网，大力发展多式联运，提高铁路、水路在综合运输中的承运比重，持续降低运输能耗和二氧化碳排放强度。优化客运组织，引导客运企业规模化、集约化经营。加快发展绿色物流，整合运输资源，提高利用效率。

推广节能低碳型交通工具。加快发展新能源和清洁能源车船，推广智能交通，推进铁路电气化改造，推动加氢站建设，促进船舶靠港使用岸电常态化。加快构建便利高效、适度超前的充换电网络体系。提高燃油车船能效标准，健全交通运输装备能效标识制度，加快淘汰高耗能高排放老旧车船。

积极引导低碳出行。加快城市轨道交通、公交专用道、快速公交系统等大容量公共交通基础设施建设，加强自行车专用道和行人步道等城市慢行系统建设。综合运用法律、经济、技术、行政等多种手段，加大城市交通拥堵治理力度。

加强绿色低碳重大科技攻关和推广应用，强化基础研究和前沿技术布局。制定科技支撑碳达峰、碳中和行动方案，编制碳中和技术发展路线图。采用"揭榜挂帅"机制，开展低碳零碳负碳和储能新材料、新技术、新装备攻关。加强气候变化成因及影响、生态系统碳汇等基础理论和方法研究。推进高效率太阳能电池、可再生能源制氢、可控核聚变、零碳工业流程再造等低碳前沿技术攻关。培育一批节能降碳和新能源技术产品研发国家重点实验室、国家技术创新中心、重大科技创新平台。建设碳达峰、碳中和人才体系，鼓励高等学校增设碳达峰、碳中和相关学科专业。

加快先进适用技术研发和推广。深入研究支撑风电、太阳能发电大规模友好并网的智能电网技术。加强电化学、压缩空气等新型储能技术攻关、示范和产业化应用。加强氢能生产、储存、应用关键技术研发、示范和规模化应用。推广园区能源梯级利用等节能低碳技术。推动气凝胶等新型材料研发应用。推进规模化碳捕集利用与封存技术研发、示范和产业化应用。建立完善绿色低碳技术评估、交易体系和科技创新服务平台。

持续巩固提升碳汇能力。巩固生态系统碳汇能力。强化国土空间规划和用途管控，严守生态保护红线，严控生态空间占用，稳定现有森林、草原、湿地、海洋、土壤、冻土、岩溶等固碳作用。严格控制新增建设用地规模，推动城乡存量建设用地盘活利用。严格执行土地使用标准，加强节约集约用地评价，推广节地技术和节地模式。

提升生态系统碳汇增量。实施生态保护修复重大工程，开展山水林田湖草沙一体化保护和修复。深入推进大规模国土绿化行动，巩固退耕还林还草成果，实施森林质量精准提升工程，持续增加森林面积和蓄积量。加强草原生态保护修复。强化湿地保护。整体推进海洋生态系统保护和修复，提升红树林、海草床、盐沼等固碳能力。开展耕地质量提升行动，实施国家黑土地保护工程，提升生态农业碳汇。积极推动岩溶碳汇开发利用。

1.8 《2030 年前碳达峰行动方案》

将碳达峰贯穿于经济社会发展全过程和各方面，重点实施能源绿色低碳转型行动、节能降碳增效行动、工业领域碳达峰行动、城乡建设碳达峰行动、交通运输绿色低碳行动、循环经济助力降碳行动、绿色低碳科技创新行动、碳汇能力巩固提升行动、绿色低碳全民行动、各地区梯次有序碳达峰行动等"碳达峰十大行动"。

能源绿色低碳转型行动。能源是经济社会发展的重要物质基础，也是碳排放的最主要来源。要坚持安全降碳，在保障能源安全的前提下，大力实施可再生能源替代，加快构建清洁低碳安全高效的能源体系。①推进煤炭消费替代和转型升级。②大力发展新能源。③因地制宜开发水电。④积极安全有序发展核电。⑤合理调控油气消费。⑥加快建设新型电力系统。

节能降碳增效行动。落实节约优先方针，完善能源消费强度和总量双控制度，严格控制能耗强度，合理控制能源消费总量，推动能源消费革命，建设能源节约型社会。①全面提升节能管理能力。②实施节能降碳重点工程。③推进重点用能设备节能增效。④加强新型基础设施节能降碳。

工业领域碳达峰行动。工业是产生碳排放的主要领域之一，对全国整体实现碳达峰具有重要影响。工业领域要加快绿色低碳转型和高质量发展，力争率先实现碳达峰。①推动工业领域绿色低碳发展。②推动钢铁行业碳达峰。

③推动有色金属行业碳达峰。④推动建材行业碳达峰。⑤推动石化化工行业碳达峰。⑥坚决遏制"两高"项目盲目发展。

城乡建设碳达峰行动。加快推进城乡建设绿色低碳发展，城市更新和乡村振兴都要落实绿色低碳要求。①推进城乡建设绿色低碳转型。②加快提升建筑能效水平。③加快优化建筑用能结构。④推进农村建设和用能低碳转型。

交通运输绿色低碳行动。加快形成绿色低碳运输方式，确保交通运输领域碳排放增长保持在合理区间。①推动运输工具装备低碳转型。②构建绿色高效交通运输体系。③加快绿色交通基础设施建设。

循环经济助力降碳行动。抓住资源利用这个源头，大力发展循环经济，全面提高资源利用效率，充分发挥减少资源消耗和降碳的协同作用。

①推进产业园区循环化发展。②加强大宗固废综合利用。③健全资源循环利用体系。④大力推进生活垃圾减量化资源化。

绿色低碳科技创新行动。发挥科技创新的支撑引领作用，完善科技创新体制机制，强化创新能力，加快绿色低碳科技革命。①完善创新体制机制。②加强创新能力建设和人才培养。③强化应用基础研究。④加快先进适用技术研发和推广应用。

碳汇能力巩固提升行动。坚持系统观念，推进山水林田湖草沙一体化保护和修复，提高生态系统质量和稳定性，提升生态系统碳汇增量。①巩固生态系统固碳作用。②提升生态系统碳汇能力。③加强生态系统碳汇基础支撑。④推进农业农村减排固碳。

绿色低碳全民行动。增强全民节约意识、环保意识、生态意识，倡导简约适度、绿色低碳、文明健康的生活方式，把绿色理念转化为全体人民的自觉行动。①加强生态文明宣传教育。②推广绿色低碳生活方式。③引导企业履行社会责任。④强化领导干部培训。

各地区梯次有序碳达峰行动。各地区要准确把握自身发展定位，结合本地区经济社会发展实际和资源环境禀赋，坚持分类施策、因地制宜、上下联动，梯次有序推进碳达峰。①科学合理确定有序达峰目标。②因地制宜推进绿色低碳发展。③上下联动制定地方达峰方案。④组织开展碳达峰试点建设。

1.9 《中华人民共和国长江保护法》

第一章　总则

第一条　为了加强长江流域生态环境保护和修复，促进资源合理高效利用，保障生态安全，实现人与自然和谐共生、中华民族永续发展，制定本法。

第二条　在长江流域开展生态环境保护和修复以及长江流域各类生产生活、开发建设活动，应当遵守本法。

本法所称长江流域，是指由长江干流、支流和湖泊形成的集水区域所涉及的青海省、四川省、西藏自治区、云南省、重庆市、湖北省、湖南省、江西省、安徽省、江苏省、上海市，以及甘肃省、陕西省、河南省、贵州省、广西壮族自治区、广东省、浙江省、福建省的相关县级行政区域。

第五章　生态环境修复

第五十二条　国家对长江流域生态系统实行自然恢复为主、自然恢复与人工修复相结合的系统治理。国务院自然资源主管部门会同国务院有关部门编制长江流域生态环境修复规划，组织实施重大生态环境修复工程，统筹推进长江流域各项生态环境修复工作。

第五十三条　国家对长江流域重点水域实行严格捕捞管理。在长江流域水生生物保护区全面禁止生产性捕捞；在国家规定的期限内，长江干流和重要支流、大型通江湖泊、长江河口规定区域等重点水域全面禁止天然渔业资源的生产性捕捞。具体办法由国务院农业农村主管部门会同国务院有关部门制定。

国务院农业农村主管部门会同国务院有关部门和长江流域省级人民政府加强长江流域禁捕执法工作，严厉查处电鱼、毒鱼、炸鱼等破坏渔业资源和生态环境的捕捞行为。

长江流域县级以上地方人民政府应当按照国家有关规定做好长江流域重点水域退捕渔民的补偿、转产和社会保障工作。

长江流域其他水域禁捕、限捕管理办法由县级以上地方人民政府制定。

第五十四条　国务院水行政主管部门会同国务院有关部门制定并组织实

施长江干流和重要支流的河湖水系连通修复方案，长江流域省级人民政府制定并组织实施本行政区域的长江流域河湖水系连通修复方案，逐步改善长江流域河湖连通状况，恢复河湖生态流量，维护河湖水系生态功能。

第五十五条 国家长江流域协调机制统筹协调国务院自然资源、水行政、生态环境、住房和城乡建设、农业农村、交通运输、林业和草原等部门和长江流域省级人民政府制定长江流域河湖岸线修复规范，确定岸线修复指标。

长江流域县级以上地方人民政府按照长江流域河湖岸线保护规划、修复规范和指标要求，制定并组织实施河湖岸线修复计划，保障自然岸线比例，恢复河湖岸线生态功能。

禁止违法利用、占用长江流域河湖岸线。

第五十六条 国务院有关部门会同长江流域有关省级人民政府加强对三峡库区、丹江口库区等重点库区消落区的生态环境保护和修复，因地制宜实施退耕还林还草还湿，禁止施用化肥、农药，科学调控水库水位，加强库区水土保持和地质灾害防治工作，保障消落区良好生态功能。

第五十七条 长江流域县级以上地方人民政府林业和草原主管部门负责组织实施长江流域森林、草原、湿地修复计划，科学推进森林、草原、湿地修复工作，加大退化天然林、草原和受损湿地修复力度。

第五十八条 国家加大对太湖、鄱阳湖、洞庭湖、巢湖、滇池等重点湖泊实施生态环境修复的支持力度。

长江流域县级以上地方人民政府应当组织开展富营养化湖泊的生态环境修复，采取调整产业布局规模、实施控制性水工程统一调度、生态补水、河湖连通等综合措施，改善和恢复湖泊生态系统的质量和功能；对氮磷浓度严重超标的湖泊，应当在影响湖泊水质的汇水区，采取措施削减化肥用量，禁止使用含磷洗涤剂，全面清理投饵、投肥养殖。

第五十九条 国务院林业和草原、农业农村主管部门应当对长江流域数量急剧下降或者极度濒危的野生动植物和受到严重破坏的栖息地、天然集中分布区、破碎化的典型生态系统制定修复方案和行动计划，修建迁地保护设施，建立野生动植物遗传资源基因库，进行抢救性修复。

在长江流域水生生物产卵场、索饵场、越冬场和洄游通道等重要栖息地应当实施生态环境修复和其他保护措施。对鱼类等水生生物洄游产生阻隔的涉水工程应当结合实际采取建设过鱼设施、河湖连通、生态调度、灌江纳苗、基因保存、增殖放流、人工繁育等多种措施，充分满足水生生物的生态需求。

第六十条　国务院水行政主管部门会同国务院有关部门和长江河口所在地人民政府按照陆海统筹、河海联动的要求，制定实施长江河口生态环境修复和其他保护措施方案，加强对水、沙、盐、潮滩、生物种群的综合监测，采取有效措施防止海水入侵和倒灌，维护长江河口良好生态功能。

第六十一条　长江流域水土流失重点预防区和重点治理区的县级以上地方人民政府应当采取措施，防治水土流失。生态保护红线范围内的水土流失地块，以自然恢复为主，按照规定有计划地实施退耕还林还草还湿；划入自然保护地核心保护区的永久基本农田，依法有序退出并予以补划。

禁止在长江流域水土流失严重、生态脆弱的区域开展可能造成水土流失的生产建设活动。确因国家发展战略和国计民生需要建设的，应当经科学论证，并依法办理审批手续。

长江流域县级以上地方人民政府应当对石漠化的土地因地制宜采取综合治理措施，修复生态系统，防止土地石漠化蔓延。

第六十二条　长江流域县级以上地方人民政府应当因地制宜采取消除地质灾害隐患、土地复垦、恢复植被、防治污染等措施，加快历史遗留矿山生态环境修复工作，并加强对在建和运行中矿山的监督管理，督促采矿权人切实履行矿山污染防治和生态环境修复责任。

第六十三条　长江流域中下游地区县级以上地方人民政府应当因地制宜在项目、资金、人才、管理等方面，对长江流域江河源头和上游地区实施生态环境修复和其他保护措施给予支持，提升长江流域生态脆弱区实施生态环境修复和其他保护措施的能力。

国家按照政策支持、企业和社会参与、市场化运作的原则，鼓励社会资本投入长江流域生态环境修复。

第六章 绿色发展

第六十四条 国务院有关部门和长江流域地方各级人民政府应当按照长江流域发展规划、国土空间规划的要求，调整产业结构，优化产业布局，推进长江流域绿色发展。

第六十五条 国务院和长江流域地方各级人民政府及其有关部门应当协同推进乡村振兴战略和新型城镇化战略的实施，统筹城乡基础设施建设和产业发展，建立健全全民覆盖、普惠共享、城乡一体的基本公共服务体系，促进长江流域城乡融合发展。

第六十六条 长江流域县级以上地方人民政府应当推动钢铁、石油、化工、有色金属、建材、船舶等产业升级改造，提升技术装备水平；推动造纸、制革、电镀、印染、有色金属、农药、氮肥、焦化、原料药制造等企业实施清洁化改造。企业应当通过技术创新减少资源消耗和污染物排放。

长江流域县级以上地方人民政府应当采取措施加快重点地区危险化学品生产企业搬迁改造。

第六十七条 国务院有关部门会同长江流域省级人民政府建立开发区绿色发展评估机制，并组织对各类开发区的资源能源节约集约利用、生态环境保护等情况开展定期评估。

长江流域县级以上地方人民政府应当根据评估结果对开发区产业产品、节能减排等措施进行优化调整。

第六十八条 国家鼓励和支持在长江流域实施重点行业和重点用水单位节水技术改造，提高水资源利用效率。

长江流域县级以上地方人民政府应当加强节水型城市和节水型园区建设，促进节水型行业产业和企业发展，并加快建设雨水自然积存、自然渗透、自然净化的海绵城市。

第六十九条 长江流域县级以上地方人民政府应当按照绿色发展的要求，统筹规划、建设与管理，提升城乡人居环境质量，建设美丽城镇和美丽乡村。

长江流域县级以上地方人民政府应当按照生态、环保、经济、实用的原则因地制宜组织实施厕所改造。

国务院有关部门和长江流域县级以上地方人民政府及其有关部门应当加强对城市新区、各类开发区等使用建筑材料的管理，鼓励使用节能环保、性能高的建筑材料，建设地下综合管廊和管网。

长江流域县级以上地方人民政府应当建设废弃土石渣综合利用信息平台，加强对生产建设活动废弃土石渣收集、清运、集中堆放的管理，鼓励开展综合利用。

第七十条　长江流域县级以上地方人民政府应当编制并组织实施养殖水域滩涂规划，合理划定禁养区、限养区、养殖区，科学确定养殖规模和养殖密度；强化水产养殖投入品管理，指导和规范水产养殖、增殖活动。

第七十一条　国家加强长江流域综合立体交通体系建设，完善港口、航道等水运基础设施，推动交通设施互联互通，实现水陆有机衔接、江海直达联运，提升长江黄金水道功能。

第七十二条　长江流域县级以上地方人民政府应当统筹建设船舶污染物接收转运处置设施、船舶液化天然气加注站，制定港口岸电设施、船舶受电设施建设和改造计划，并组织实施。具备岸电使用条件的船舶靠港应当按照国家有关规定使用岸电，但使用清洁能源的除外。

第七十三条　国务院和长江流域县级以上地方人民政府对长江流域港口、航道和船舶升级改造，液化天然气动力船舶等清洁能源或者新能源动力船舶建造，港口绿色设计等按照规定给予资金支持或者政策扶持。

国务院和长江流域县级以上地方人民政府对长江流域港口岸电设施、船舶受电设施的改造和使用按照规定给予资金补贴、电价优惠等政策扶持。

第七十四条　长江流域地方各级人民政府加强对城乡居民绿色消费的宣传教育，并采取有效措施，支持、引导居民绿色消费。

长江流域地方各级人民政府按照系统推进、广泛参与、突出重点、分类施策的原则，采取回收押金、限制使用易污染不易降解塑料用品、绿色设计、发展公共交通等措施，提倡简约适度、绿色低碳的生活方式。

第七章　保障与监督

第七十五条　国务院和长江流域县级以上地方人民政府应当加大长江流

域生态环境保护和修复的财政投入。

国务院和长江流域省级人民政府按照中央与地方财政事权和支出责任划分原则，专项安排长江流域生态环境保护资金，用于长江流域生态环境保护和修复。国务院自然资源主管部门会同国务院财政、生态环境等有关部门制定合理利用社会资金促进长江流域生态环境修复的政策措施。

国家鼓励和支持长江流域生态环境保护和修复等方面的科学技术研究开发和推广应用。

国家鼓励金融机构发展绿色信贷、绿色债券、绿色保险等金融产品，为长江流域生态环境保护和绿色发展提供金融支持。

第七十六条　国家建立长江流域生态保护补偿制度。

国家加大财政转移支付力度，对长江干流及重要支流源头和上游的水源涵养地等生态功能重要区域予以补偿。具体办法由国务院财政部门会同国务院有关部门制定。

国家鼓励长江流域上下游、左右岸、干支流地方人民政府之间开展横向生态保护补偿。

国家鼓励社会资金建立市场化运作的长江流域生态保护补偿基金；鼓励相关主体之间采取自愿协商等方式开展生态保护补偿。

2　长江经济带沿线各省市相关政策（见附表1）

附表1　　　　　长江经济带沿线各省市相关政策一览

省、市		成文时间	文件名称	政策内容	关注重点
上游	重庆市	2021.10	《重庆市人民政府关于加快建立健全绿色低碳循环经济体系的实施意见》	（1）推进工业绿色升级；（2）加快农业绿色发展；（3）提高服务业绿色发展水平；（4）壮大绿色环保产业；（5）提升产业园区和产业集群循环化水平；（6）构建绿色供应链。（7）加快基础设施绿色升级	（1）加强生态保护；（2）推动绿色产业、绿色交通、绿色技术、绿色金融发展

续表

省、市		成文时间	文件名称	政策内容	关注重点
上游	重庆市	2021.10	《重庆两江新区国民经济和社会发展第十四个五年规划和二〇三五年远景目标纲要》	（1）加快构建清洁低碳安全高效的能源体系；（2）实施重点行业领域减污降碳行动；（3）构建绿色交通体系，推广新能源汽车，形成绿色低碳运输方式；（4）加快推广应用减污降碳技术；（5）大力推动气候金融试点，探索构建气候金融标准体系	（1）加强生态保护；（2）推动绿色产业、绿色交通、绿色技术、绿色金融发展
	四川省	2018.1	《四川省绿色金融发展规划》	（1）大力发展绿色信贷；（2）推动证券市场支持绿色投资；（3）设立绿色发展基金；（4）积极发展绿色保险；（5）丰富环境权益融资工具；（6）推进市（州）绿色金融发展；（7）推动开展绿色金融国际合作；（8）完善绿色金融发展配套机制	（1）重视绿色金融发展；（2）重视产业绿色发展；（3）重视科技创新、技术进步
		2018.12	《四川省人民政府办公厅关于优化区域产业布局的指导意见》	（1）支撑"5+1"产业加快发展；（2）推动产业集聚集群发展；（3）促进特色优势产业加快发展；（4）推动产业绿色发展	
		2021.12	《中共四川省委关于以实现碳达峰碳中和目标为引领推动绿色低碳优势产业高质量发展的决定》	（1）"双碳"引领、做强优势；（2）科技创新、数字赋能；（3）龙头带动、集聚发展；（4）政府引导、市场主导。加快把四川建设成为全国重要的先进绿色低碳技术创新策源地、绿色低碳优势产业集中承载区、实现碳达峰碳中和目标战略支撑区、人与自然和谐共生绿色发展先行区	
		2017.12	《宜宾市节能减排综合工作方案（2017—2020年）》	（1）推动传统产业转型升级；（2）加快发展绿色低碳产业；（3）调整优化能源结构；（4）深入推进工业领域节能；（5）主要大气污染物减排重点工程；（6）循环经济重点工程；（7）加大绿色标识认证实施力度	

续表

省、市		成文时间	文件名称	政策内容	关注重点
上游	四川省	2021.3	《宜宾市国民经济和社会发展第十四个五年规划和二〇三五年远景目标纲要》	(1)加快推进绿色低碳发展;(2)推进产业绿色发展;(3)促进资源节约循环利用;(4)开展绿色生活示范创建;(5)深入实施"产业发展双轮驱动"战略;(6)打造"5+1"千亿级产业集群	(1)重视绿色金融发展;(2)重视产业绿色发展;(3)重视科技创新、技术进步
		2022.1	《中共宜宾市委关于深入学习贯彻省委十一届十次全会精神服务碳达峰碳中和目标推动绿色低碳优势产业高质量发展的决定》	(1)要做大做强动力电池产业;(2)要做大做强新能源汽车产业;(3)要做大做强电子信息产业;(4)要做大做强清洁能源产业;(5)要做大做强绿色高端装备制造产业;(6)要扎实推进传统优势产业绿色低碳发展;(7)要深化重点领域改革与开放合作;(8)要加快优势产业绿色发展集聚发展;(9)要强化科技人才支撑;(10)要加大要素支持力度;(11)要加强组织领导和督查考核	
	贵州省	2017.7	《省人民政府关于加快发展新经济培育新动能的意见》	(1)加快发展以生态利用型、循环高效型、低碳清洁型、环境治理型为核心的大生态产业;(2)积极发展安全清洁高效的页岩气等新能源产业;(3)大力发展以绿色金融、科技金融、互联网金融等为重点的现代金融业	
		2019.1	《省人民政府关于支持黔南自治州加快推进绿色发展建设生态之州的意见》	(1)加快发展现代山地特色高效农业;(2)加快推动农村产业融合发展;(3)加快产业转型升级;(4)加快传统产业改造升级	(1)推动节能减排;(2)优化产业结构,推动产业绿色发展;(3)加强生态保护
	云南省	2019.6	《云南省煤炭产业高质量发展三年行动计划(2019—2021年)》	(1)淘汰煤炭落后产能;(2)推进煤炭产业绿色发展	(1)进行产业调整;(2)加强生态保护

续表

省、市		成文时间	文件名称	政策内容	关注重点
上游	云南省	2021.2	《云南省国民经济和社会发展第十四个五年规划和二〇三五年远景目标纲要》	（1）培育绿色低碳发展新动能；（2）大力推进绿色生活；（3）积极削减碳排放和增加碳汇；（4）健全绿色低碳发展支撑体系	（1）进行产业调整；（2）加强生态保护
中游	江西省	2019.11	《江西省人民政府关于支持赣西转型升级推动高质量跨越式发展的若干意见》	（1）大力发展新兴产业；（2）做大做强先进制造业；（3）提档升级现代服务业	促进经济转型，构建绿色低碳循环体系
		2021.7	《关于加快建立健全绿色低碳循环发展经济体系的若干措施》	健全绿色低碳循环发展的生产体系（1）推进工业绿色转型；（2）加快农业绿色发展；（3）推动服务业绿色升级	
	湖北省	2016.11	《省人民政府办公厅关于促进全省石化产业转型升级绿色发展的实施方案》	（1）全力化解过剩产能；（2）加快推进产业转型升级	重视产业转型升级
		2018.4	《湖北省工业经济稳增长快转型高质量发展工作方案（2018—2020年）》	（1）强力推进制造业融合发展；（2）强力推进工业绿色转型；（3）强力推进创新发展体系建设	
	湖南省	2016.4	《湖南省实施低碳发展五年行动方案（2016—2020年）》	（1）构建低碳产业体系：推动传统产业节能与提高能效，培育战略性新兴产业，加快发展现代服务业，建设低碳农业生产体系，夯实低碳产业发展平台；（2）加强碳汇开发；（3）强化技术支撑	（1）加强生态保护；（2）促进产业转型升级
		2018.6	《湖南省污染防治攻坚战三年行动计划（2018—2020年）》	（1）推进转型升级，加快形成绿色发展方式；（2）加大法规政策支持；（3）强化科技支撑	

续表

省、市		成文时间	文件名称	政策内容	关注重点
下游	上海市	2017.3	《上海市工业绿色发展"十三五"规划》	(1)构建绿色制造体系；(2)优化绿色技术产品选推制度；(3)强化"互联网"智慧能源管理；(4)加快发展节能环保产业；(5)大力推进能效提升；(6)推进工业低碳转型；(7)突出预防性控制，扩大清洁生产覆盖面；(8)推行循环生产方式，加速推进资源综合利用；(9)支持节能环保产业区域联动和产业链延伸发展	(1)促进工业、农业绿色发展；(2)加强金融支撑
		2018.5	《上海市都市现代绿色农业发展三年行动计划(2018—2020年)》	(1)化功能布局，发展绿色产业；(2)保护生态资源，守住美丽田园；(3)提升农产品质量，满足市场需求；(4)强化创新驱动，支撑绿色发展	
		2020.12	《上海市绿色发展行动指南(2020版)》	(1)财政补贴政策；(2)税收政策；(3)金融支持政策	
		2021.9	《上海市关于加快建立健全绿色低碳循环发展经济体系的实施方案》	(1)健全绿色低碳循环发展的生产、流通、消费体系；(2)加快基础设施绿色升级；(3)完善法规政策体系	
	江苏省	2015.6	《中国制造2025江苏行动纲要》	加快产业结构调整，推进绿色生产制造	(1)重视节能减排；(2)优化产业结构，发展绿色产业
		2017.6	《江苏省"十三五"节能减排综合实施方案》	(1)优化产业和能源结构行动计划；(2)重点领域节能行动计划；(3)主要污染物总量减排行动计划；(4)循环发展引领行动计划；(5)强化节能减排技术支撑和服务体系建设；(6)完善节能减排支持政策	

续表

省、市		成文时间	文件名称	政策内容	关注重点
下游	江苏省	2020.3	《省政府关于推进绿色产业发展的意见》	（1）加快构建绿色技术创新体系；（2）全面提升绿色产业竞争力；（3）做大做强绿色产业发展载体；（4）积极拓展绿色产业发展空间；（5）完善绿色产业发展的体制机制	（1）重视节能减排；（2）优化产业结构，发展绿色产业
		2021.2	《江苏省国民经济和社会发展第十四个五年规划和二〇三五年远景目标纲要》	加快发展绿色经济：（1）加强资源高效利用；（2）推进产业绿色化发展；（3）构建绿色低碳循环生产方式	
	浙江省	2021.6	《浙江省科技创新发展"十四五"规划》	（1）加快构筑高能级创新平台体系努力打造创新策源优势；（2）加快构建科技开放合作新格局，全力打造区域创新共同体	加强科技支撑
	安徽省	2017.11	《合肥市"十三五"节能减排综合性工作方案》	（1）优化调整产业结构和能源消费结构；（2）深入推进重点领域节能；（3）大力发展循环经济	（1）重视节能减排；（2）推动绿色低碳发展
		2021.2	《安徽省国民经济和社会发展第十四个五年规划和2035年远景目标纲要》	强化绿色技术创新驱动，完善绿色发展制度体系，探索低碳发展新路径，推动生产生活方式全面绿色转型：（1）推动产业绿色发展；（2）推行绿色生活方式；（3）完善绿色发展政策体系；（4）加快推进低碳发展	

2.1 上海市

2.1.1 《上海市工业绿色发展"十三五"规划》

①构建绿色制造体系，实现工业可持续发展。对接工信部绿色制造工作要求，制定《上海市绿色制造体系实施方案》，按照"示范一批，推广一批，覆盖一片"的模式，推进绿色产品、绿色工厂、绿色园区、绿色供应链建设。

②优化绿色技术产品选推制度，推动产研融合发展。加大对高新节能技术的研发力度，健全本市节能新技术、新产品的遴选和推广应用制度。

③强化"互联网"智慧能源管理，打造绿色发展大数据生态系统。深入推进两化融合，运用大数据平台、能源互联网等信息化手段有效推进绿色制造。

④聚焦重点领域，加快发展节能环保产业。加大绿色装备技术的研发和应用，推动节能环保战略性新兴产业发展。

⑤大力推进能效提升，加快实现节约发展。通过优化结构、创新技术、精益管理等一系列手段全面提升工业能源利用效率。

⑥推进工业低碳转型，持续优化能源消费结构。继续优化能源消费结构，降低化石能源在工业能耗中的比重，鼓励新能源、新技术的应用。

⑦突出预防性控制，扩大清洁生产覆盖面。以源头削减污染物产生为目标，扩大清洁生产覆盖面，降低污染物排放强度。

⑧推行循环生产方式，加速推进资源综合利用。推进各类废弃物高效、高值、深度利用，构建循环经济产业链。

⑨支持节能环保产业区域联动和产业链延伸发展。充分把握"长江经济带"和"一带一路"等国家战略的建设机遇，推动绿色科技、绿色制造及绿色服务引进来和走出去。

2.1.2 《上海市都市现代绿色农业发展三年行动计划（2018—2020年）》

①优化功能布局，发展绿色产业。a. 优化功能与生产力布局。b. 提升绿色农产品生产能力。c. 打造农产品特色优质品牌。

②保护生态资源，守住美丽田园。a. 建立种养环境养护制度。b. 推行绿色低碳循环生产方式。c. 推进农业废弃物资源化利用。

③提升农产品质量，满足市场需求。a. 强化质量安全监管。b. 推进绿色农产品标准化生产。c. 提升绿色食品认证率。

④强化创新驱动，支撑绿色发展。a. 完善绿色发展的科创体系。b. 健全完善农业生态补贴制度。c. 建立资源环境生态监测预警体系。d. 实施绿色农业人才培养计划。

2.1.3 《上海市绿色发展行动指南（2020版）》

①财政补贴政策。针对可再生能源利用和新能源开发、淘汰落后产能、

工业节能和合同能源管理、建筑节能减排、交通节能减排、清洁生产、污染物减排、循环经济发展、节能减排产品推广及管理能力建设等方面的工作，本市出台了相关的专项资金扶持办法。各企业可参照相关扶持办法中明确的支持范围、支持方式，并结合相关扶持办法的制定部门，关注市政府各部门及各区网站，选择合适的方向申请相关补贴资金。

②税收政策。2018 年 1 月 1 日起，依照《中华人民共和国环境保护税法》规定，本市征收环境保护税，不再征收排污费。在我国领域和我国管辖的其他海域，直接向环境排放应税污染物的企业事业单位和其他生产经营者为环境保护税的纳税人。

纳税人排放应税大气污染物或者水污染物的浓度值低于国家和本市规定的污染物排放标准30%的，减按75%征收环境保护税。纳税人排放应税大气污染物或者水污染物的浓度值低于国家和本市规定的污染物排放标准50%的，减按50%征收环境保护税。

此外，企业购置并实际使用节能节水和环境保护专用设备、新能源车船、销售自产的资源综合利用产品和提供资源综合利用劳务、实施合同能源管理项目，或企业本身属于资源综合利用产业的，可享受国家相关税收优惠政策。

③金融支持政策。目前，我国已形成了绿色信贷、绿色债券、绿色保险等金融工具支持经济向绿色化转型。

2.1.4 《上海市关于加快建立健全绿色低碳循环发展经济体系的实施方案》

①健全绿色低碳循环发展的生产、流通、消费体系。健全绿色低碳循环发展的生产体系包括：推进工业绿色升级；加快农业绿色发展；提高服务业绿色发展水平；壮大绿色环保产业；推进产业园区循环化改造；构建绿色供应链。

健全绿色低碳循环发展的流通体系。打造绿色物流，优化综合交通运输结构，大力发展铁路、水运等集约化的运输方式；加强再生资源回收利用，推进垃圾分类与再生资源回收"两网融合"；建立绿色贸易体系，持续优化贸易结构，大力发展高质量、高附加值的绿色产品贸易。

健全绿色低碳循环发展的消费体系。促进绿色产品消费；倡导绿色低碳生活方式。

②加快基础设施绿色升级。推动能源体系绿色低碳转型，坚持节能优先，继续严格实施能源消费总量和强度双控制度；推进城镇环境基础设施建设升级；提升交通基础设施绿色发展水平，积极打造绿色港口、绿色公路、绿色机场等绿色交通基础设施；改善城乡人居环境，加快建设开放共享、多彩可及的高品质生态空间，系统推进公园城市建设，率先启动大都市圈绿道网络实施计划，持续推进"美丽街区"和"美丽街镇"建设。

构建市场导向的绿色技术创新体系。鼓励绿色低碳技术研发，依托张江国家自主创新示范区、G60 科创走廊等，加大在节能环保、清洁生产、清洁能源等领域的科技攻关力度；加速绿色科技成果转化。

③完善法规政策体系。强化法规政策支撑；健全绿色收费价格机制；加大财税扶持力度；大力发展绿色金融，依托国际金融中心建设，充分发挥要素市场和金融机构集聚优势，加快建立完善绿色金融体系，深入推动气候投融资发展，加大对金融机构绿色金融业绩评价考核力度，鼓励向具有显著碳减排效益的重点企业和项目提供长期限优惠利率融资，鼓励银行业积极发展绿色信贷，将绿色信贷占比纳入业绩评价体系，大力发展绿色债券，完善绿色债券评级标准，支持长期绿色债券部分用作符合条件的重点项目资本金，推进实施环境污染强制责任保险制度，支持符合条件的绿色产业企业上市融资，支持金融机构和企业在国际市场开展绿色融资，打造国际绿色金融枢纽；完善绿色低碳标准认证体系和统计监测制度；培育绿色交易市场机制。

2.2 江苏省

2.2.1 《中国制造 2025 江苏行动纲要》

《中国制造 2025 江苏行动纲要》可概括为"11588"：围绕 1 个总目标、聚焦 15 个重点领域、落实 8 项主要任务、实施 8 大工程。

总目标：到 2025 年建成国内领先、有国际影响力的制造强省。按照打造先进制造主干产业、做强国际竞争优势产业、培育战略必争产业的战略考量，立足江苏实际确定了 15 个重点领域。江苏省将重点推进集成电路及专用设备、网络通信设备、操作系统及工业软件、云计算大数据和物联网、智能制造装备、先进轨道交通装备、海洋工程装备和高端船舶、新型电力装备、航空航天装备、工程和农业机械、节能环保装备、节能型和新能源汽车、新能源、新材料、生物医药和医疗器械等产业。力争经过 10 年努力，让江苏制造业在"中国制造"中走在前列，若干重点行业和重要领域达到国内领先、世界先进水平。

聚焦重点领域，8 项主要任务是"施工图"，分别是增强自主创新能力、推进两化深度融合、持续推进技术改造、加强质量品牌建设、推动业态模式创新、加强对外交流合作、加快产业结构调整、推进绿色生产制造。《江苏行动纲要》还以专栏形式诠释了 8 大工程，作为对 8 项任务的细化落实，包括高端装备创新、军民融合、制造业创新中心建设、智能制造、工业强基、质量品牌建设、制造业国际化、绿色制造。

还配套制定了"制造强省评价体系"，包括创新能力、质量效益、两化融合、结构优化、绿色发展 5 个方面 17 项指标。

2.2.2 《江苏省"十三五"节能减排综合实施方案》

①优化产业和能源结构行动计划。促进传统产业转型升级；加快新兴产业发展壮大；推动能源结构优化提升。

②重点领域节能行动计划。加强工业节能；强化建筑节能；促进交通运输节能；推进商贸流通领域节能；推进农业农村节能；加强公共机构节能；强化重点用能单位节能管理；强化重点用能设备节能管理；实施节能重点工程。

③主要污染物总量减排行动计划。控制重点区域流域排放；推进工业污染物减排；促进移动源污染物减排；强化生活源污染综合整治；重视农业污染排放治理；实施治污减排重点工程。

④循环发展引领行动计划。园区循环化改造工程；静脉产业园建设工程；固体废弃物综合利用工程；工农复合型循环经济示范基地建设工程；"互联网＋"资源循环利用工程；再生产品和再制造产品推广工程。

⑤强化节能减排技术支撑和服务体系建设。加快节能减排共性关键技术

研发和示范；推进节能减排技术系统集成应用；完善节能减排创新平台和服务体系。

⑥完善节能减排支持政策。完善价格收费政策；完善财政税收激励政策；健全绿色金融体系。

2.2.3 《省政府关于推进绿色产业发展的意见》

①加快构建绿色技术创新体系。加大绿色技术攻关力度；强化绿色技术创新载体培育；促进绿色技术创新成果转化。

②全面提升绿色产业竞争力。优化产业空间布局，以"六个一体化"为重点，协同推动长三角更高质量一体化发展，共建长三角生态绿色一体化发展示范区，支持符合条件的地区申报国家生态优先绿色发展先行示范区，推进江淮生态大走廊建设，重点推动旅游、特色农业发展，打造淮河生态经济带绿色产业发展样板区，支持宿迁、盐城、泰州里下河地区创建生态经济示范区，推进宁杭生态经济带建设，大力发展特色生态产业，建设我国绿色产业发展增长极，支持南京市高淳区依托国际慢城争创"两山理论"实践创新基地、溧阳市建设长三角生态创新示范城市，推进大运河国家文化公园建设，打造大运河文化带示范段，支持徐州市开展采煤塌陷地综合治理；推动传统产业绿色化转型升级；培育壮大绿色新兴产业，实施产业基础再造工程和大国大匠培育工程，打好产业基础高级化和产业链现代化攻坚战，构建自主可控、安全高效的绿色产业链，实施绿色循环新兴产业培育工程，不断壮大节能环保、生物技术和新医药、新能源汽车、航空等绿色战略性新兴产业规模，加快培育形成新动能，围绕高效光伏制造、海上风能、生物能源、智能电网、储能、智能汽车等重点领域，培育一批引领绿色产业发展的新能源装备制造领军企业；提升现代服务业绿色发展水平；增强绿色农业发展新优势；强化绿色基础产业支撑，推动能源产业结构和消费结构双优化，加快构建清洁低碳、安全高效的能源体系。

③做大做强绿色产业发展载体。积极培育绿色企业集群；显著提升园区绿色产业发展水平；强化特色小镇绿色产业功能；持续扩大绿色产品有效供给；建设绿色产业标准和品牌强省。

④积极拓展绿色产业发展空间。提升产业融合发展水平，加快制造业和服务业融合步伐，鼓励制造企业向"产品＋服务＋技术＋系统解决方案"转型，培育一批集"智能制造＋增值服务"功能于一体的"两业"深度融合发展企业、平台和示范区；大力发展循环经济；加快发展低碳经济；打造绿色消费新引擎；推进绿色产业开放合作；提升产业安全生产治理能力；强化产业发展污染治理。

⑤完善绿色产业发展的体制机制。营造绿色产业发展营商环境；强化财税产业政策支持；创新绿色产业发展价格机制；健全绿色金融体系；完善绿色产业发展环境治理体系。

2.2.4 《江苏省国民经济和社会发展第十四个五年规划和二〇三五年远景目标纲要》

加快发展绿色经济：

①加强资源高效利用。加强自然资源节约集约和高效利用。实施建设用地总量和强度"双控"，建立"增存挂钩"机制。实施建设用地提效工程，推进城镇低效用地再开发，积极盘活农村闲置和低效利用的建设用地。科学规划城市地下空间，加强合理复合利用，因地制宜推进综合管廊建设。建立健全集约用海制度，科学合理围垦利用滩涂。提高矿产资源利用效率和矿山废弃物资源化利用水平。

进一步提高能源利用效率。深化能源消耗总量和强度"双控"，严格煤炭消费等量减量替代，大幅降低能耗强度，严格控制能源消费总量增速。加强重点领域与重点用能单位节能管理，强化固定资产投资项目节能审查，加快推进能耗在线监测系统建设与数据运用。探索在省级及以上园区推行区域能评制度，严格高耗能项目准入。实施能效提升计划和节能改造工程。推进能源梯级利用，开展综合能源系统试点。探索用能预算管理，构建能耗总量和能效监测预警机制。到2025年，规模以上单位工业增加值能耗比2020年大幅下降。

②推进产业绿色化发展。构建市场导向的绿色技术创新体系，加强绿色制造关键核心技术攻关，完善绿色技术全链条转移转化机制，培育一批绿色

技术创新企业、绿色企业技术中心，支持高校设立绿色技术创新人才培养基地。建立完善绿色产业认定机制，构建绿色产业指导目录。实施制造业绿色改造工程，开展绿色创新企业培育行动，培育千家绿色工厂，推进中小企业清洁生产水平提升计划。依托盐城环保科技城、宜兴环保科技工业园等载体，积极发展节能环保服务，形成万亿级节能环保产业规模。完善政府绿色采购制度，加大对共性关键绿色技术、节能和环境标志产品的采购力度。

③构建绿色低碳循环生产方式。大力发展循环经济。持续实施园区绿色化循环化改造工程，深入推进企业循环式生产、园区循环化改造、产业循环型组合，建设一批省级绿色循环发展示范区，创建一批国家绿色产业示范基地。推行生产者责任延伸制度，构建废旧资源回收和循环利用体系，全面推进新能源汽车动力蓄电池、快递包装废弃物等回收利用，加强建筑垃圾、餐厨废弃物等无害化处置及资源化利用，深化秸秆综合利用。加快建设国家"城市矿产"基地、资源循环利用基地和大宗固体废弃物综合利用基地，开展省级"无废城市"建设试点。

加快推动低碳发展。实施碳排放总量和强度"双控"，抓紧制定二○三○年前碳排放达峰行动计划，支持有条件的地方率先达峰。推进大气污染物和温室气体协同减排、融合管控，开展协同减排政策试点。健全区域低碳创新发展体系，制定重点行业单位产品温室气体排放标准。推进碳排放权交易。增强碳汇能力。实施碳排放达峰先行区创建示范，建设一批"近零碳"园区和工厂。

2.3 浙江省

《浙江省科技创新发展"十四五"规划》

到2025年，三大科创高地建设加速推进，基本建成国际一流的"互联网+"科创高地，初步建成国际一流的生命健康和新材料科创高地。社会主义市场经济条件下新型举国体制浙江路径基本形成，创新体系更加完备，基本形成新型实验室体系、企业技术创新中心体系、区域性创新平台体系。关键核心技术攻关能力大幅提升，在三大科创高地等领域取得重大创新突破。

十联动的创新创业生态系统更加优化，涵养全球创新人才的蓄水池加快建设，体制机制改革成效凸显。科技创新走在全国前列，初步建成高水平创新型省份，实现重要指标"六倍增六提升"，支撑引领高质量发展和共同富裕示范区建设取得积极进展。

加快构筑高能级创新平台体系，努力打造创新策源优势。推动杭州城西科创大走廊建设原始创新策源地；大力打造全省技术创新策源地，深度融入长江经济带和长三角一体化发展；推动高新区打造产业创新高地。

加快构建科技开放合作新格局，全力打造区域创新共同体。强化全球科技精准合作；加快长三角科创共同体建设；推进全省域协同创新。

2.4 安徽省

2.4.1 《合肥市"十三五"节能减排综合性工作方案》

①优化调整产业结构和能源消费结构。促进传统产业改造升级。加快推进新一轮技术改造，实施两化深度融合、企业技术创新等专项行动；以构建绿色制造体系为重点，推进工业产品全生命周期、全产业链的绿色管理。加快培育发展新兴产业。聚焦新型显示、智能语音、智能制造、集成电路、量子通信、新能源汽车、太阳能光伏等重点领域，以绿色低碳技术创新和应用为重点。加快优化能源消费结构。

②节能减排。

深入推进重点领域节能。加强工业节能增效，加快重点领域节能技术改造。强化新建民用建筑节能。促进交通运输节能，加快推进综合交通运输体系建设。推动商贸流通领域节能，推动零售、批发、餐饮、住宿、物流等企业加快淘汰落后用能设备，开展照明、制冷和供热系统节能改造。抓好农业农村节能。加强公共机构节能。强化重点用能单位节能管理。强化重点用能设备节能管理。

强化主要污染物减排。推进工业污染物减排。促进移动源污染物减排。强化生活源污染综合整治。重视农业污染排放治理。

③大力发展循环经济。全面推动园区循环化改造。加强城市废弃物规范

有序处理。促进资源循环利用产业提质升级。统筹推进大宗固体废弃物综合利用。

2.4.2 《安徽省国民经济和社会发展第十四个五年规划和2035年远景目标纲要》

强化绿色技术创新驱动，完善绿色发展制度体系，探索低碳发展新路径，推动生产生活方式全面绿色转型。

①推动产业绿色发展。将"生态＋"理念融入产业发展全过程、全领域，促进生产、流通、消费各环节绿色化。构建绿色产业链供应链，以高耗能行业为重点，推进产品设计、生产工艺、产品分销、运营维护和回收处置利用全过程绿色化。加快构建以企业为主体、以市场为导向的绿色技术创新体系，采用节能低碳环保技术改造传统产业。培育壮大节能环保、循环经济、清洁生产、清洁能源等绿色新产业新业态，引导使用低氨、低挥发性有机污染物排放的农药、化肥，提升现代服务业绿色发展水平。

②推行绿色生活方式。转变传统消费方式，培育生态消费、绿色消费理念。大力推广节能家电、高效照明产品、节水器具、绿色建材、生物基可降解聚酯等绿色产品。推广环境标志产品，鼓励使用低挥发性有机物含量的涂料、干洗剂。统筹开展节约型机关、绿色家庭、绿色学校、绿色社区、绿色出行、绿色商场、绿色建筑等创建行动。广泛宣传推广简约适度、绿色低碳、文明健康的生活理念和生活方式，形成崇尚绿色生活的社会氛围。

③完善绿色发展政策体系。推动建立统一的绿色产品标准、认证、标识体系，完善绿色产品市场准入和追溯制度。实施有利于推动绿色发展的价格、财税、投资等政策，健全绿色金融体系，营造有利于绿色产业发展的营商环境。健全推行绿色设计的政策机制，进一步规范清洁生产审核行为，加快落实生产者责任延伸制度。推动国有企业率先执行企业绿色采购指南，推行绿色产品政府采购制度。

④加快推进低碳发展。积极应对气候变化，按照碳排放达峰和能源高质量发展要求，制定实施全省2030年前碳排放达峰行动方案，实现减污降碳协同效应。严控煤炭消费，推进重点领域减煤，严控新增耗煤项目，大气污染防治重点区域内新、改、建项目实施煤炭消费减量替代。加快推进能源结构

调整，提高非化石能源消费比重，为碳排放达峰赢得主动。控制工业领域温室气体排放，发展低碳农业。加强城乡低碳化管理，建设低碳交通运输体系，加强废弃物低碳化处置。开展蚌埠铜铟镓硒薄膜太阳能发电等技术场景应用和产业化示范。在公共机构开展碳中和试点。

2.5 江西省

2.5.1 《江西省人民政府关于支持赣西转型升级推动高质量跨越式发展的若干意见》

①大力发展新兴产业。培育壮大锂电新能源、金属新材料、生物医药、光电信息、节能环保等一批新兴产业集群，集中资源建设宜春锂电新能源国家级产业基地、新余新能源科技城、萍乡海绵城市产业基地、中国药谷（宜春）、京东（新余）新经济产业园，支持樟树实施"中国药都"振兴工程，建设有全国影响力的新兴产业集聚地。积极发展智能经济、数字经济、移动互联网等新产业新业态，建设新余工业大数据中心、宜春赣西云数据中心、萍乡市大数据中心，打造数字经济创新发展试验区。加快发展军民融合产业，支持新余市、萍乡市、袁州区等地创建省级军民融合创新示范区。

②做大做强先进制造业。大力推进制造业转型升级和优化发展，推进萍乡国家产业转型升级示范区建设，提升新余国家新型工业化产业示范基地发展水平，以宜春为核心打造具有国际竞争力的先进装备制造业集群。推动制造业智能化发展，培育一批具有系统集成能力、智能装备开发能力和关键部件研发生产能力的智能制造骨干企业。推进钢铁、煤炭、建材、花炮、电瓷、食品、纺织鞋革、金属家具、工业陶瓷等优势产业改造提升，支持新钢高品质稀土钢制造关键技术研发及产业化。推动制造业从加工生产环节向研发、设计、品牌、营销、再制造等环节延伸。支持新余市、湘东区申报建设大宗固废综合利用示范基地。

③提档升级现代服务业。促进现代物流、商贸服务等生产性服务业向专业化和价值链高端延伸发展，健康养生、家庭服务等生活性服务业向精细和

高品质转变。增强新余赣西中心物流园、宜春综合物流中心、萍乡赣湘物流港的集散能力，打造国内知名的钢铁、建筑陶瓷、农产品、再生资源等专业市场。支持发展绿色金融、科技金融等特色金融产业，引导金融资本流入科技创新和绿色产业领域，建设萍乡科技金融产业园等特色金融产业集聚区，推进新余大数据普惠金融试点。大力发展中医药养生、健康养老服务等新型业态，提高动漫创意等文化产业效益。

2.5.2　《关于加快建立健全绿色低碳循环发展经济体系的若干措施》

健全绿色低碳循环发展的生产体系。

①推进工业绿色转型。持续推进传统产业优化升级，实施新一轮技术改造升级行动，推动钢铁、石化、化工、有色、建材、纺织、造纸、皮革等产业绿色化发展。大力发展航空、电子信息、装备制造、生物（中）医药、新能源、新材料等优势产业，实施铸链强链引链补链工程。建设绿色制造体系，培育一批绿色工厂、绿色园区、绿色设计产品和绿色供应链企业。推进制造业数字化智能化改造，发展先进制造业集群，加强汽车零部件等再制造产品推广应用。加大能耗双控、碳排放双控制度对工业绿色转型的引导，依法在"双超双有高耗能"行业实施强制性清洁生产审核，强化以排污许可制为核心的固定污染源监管，加强散乱污企业治理。

②加快农业绿色发展。建设国家绿色有机农产品重要基地，推进江西省有机产品认证示范区建设。加强绿色有机农产品和农产品地理标志认证管理，实施"赣都正品"认证体系，提升"生态鄱阳湖·绿色农产品"品牌价值，做大做强"赣抚农品"等区域公共品牌。壮大茶叶、中药材、油茶、富硒农业等特色产业，发展竹类、香精香料、苗木花卉、森林旅游和康养等林下经济，推进一二三产融合发展。

③推动服务业绿色升级。引导商贸流通企业实施数字化、智能化改造和跨界融合。鼓励发展共享住宿、共享出行等商业模式。积极开展现代服务业和先进制造业融合试点示范，推动两业深度融合发展。开展网络机房绿色建设和改造，建设国家工业互联网大数据江西分中心。加快补齐工业设计、检验检疫、服务外包等产业发展不足与短板，建设长江中游重要研发设计及服

务基地。推进绿色会展发展标准制定，引导会展与商业、旅游、文化、体育等产业联动发展，打造综合性和专业性服务会展龙头企业，推动办展设施循环使用。

2.6 湖北省

2.6.1 《省人民政府办公厅关于促进全省石化产业转型升级绿色发展的实施方案》

①全力化解过剩产能。严格控制新增产能。对符合政策要求的先进工艺改造提升项目应实行等量或减量置换，凡是未按规定开展产能置换导致新增产能的建设项目，要严肃查处。加快淘汰落后产能，按照《产业政策结构调整指导目录（2015年修订本）》要求，立即淘汰所有石化产品落后产能。兼并重组压减过剩产能，发挥市场机制作用，推动优势企业以资产资源品牌和市场为纽带，通过整合参股及并购等方式，实现跨地域跨行业的兼并（联合）重组，提高产业的集中度。加强国际产能合作，发挥我省石化产业比较优势，结合实施"一带一路"倡议，积极推动化肥、农药、染料、氯碱、无机盐等产业开展国际产能合作，建设海外石化产业生产基地，推动链条式转移、集约式发展，带动相关技术装备与工程服务"走出去"。

②加快推进产业转型升级。改造提升优势传统产业。优化发展石油化工产业。依托现有石油化工产业基础，加快推进石化重大项目和产业基地建设。促进化肥产业提档升级。围绕原料优化和节能降耗等关键领域，支持化肥企业实施技术改造。改造提升磷盐化工产业。推广磷矿资源全层开采技术，鼓励贫富兼采，坚决禁止私挖滥采，支持和引导优势磷化工企业整合磷矿资源开发企业，将优质的磷矿资源优先配置给优势磷化工企业。

培育壮大新兴产业。加快发展精细化工。积极开发高性能、专用性、绿色环保的精细化工产品，提高精细化工产品在石化产业的比重。

培育壮大先进化工新材料。充分发挥我省在有机硅、有机氟、高性能光纤填充料、高性能纤维等重点化工新材料方面的技术优势，围绕满足汽车、现代轨道交通、航空航天以及电子信息等领域的轻量化、高强度、耐高温、减震、密封等性能需求,大力开发特种工程塑料、高性能纤维、高端装备制造配套材料、有机氟硅、生物基新材料等先进化工新材料。

2.6.2 《湖北省工业经济稳增长快转型高质量发展工作方案（2018—2020年)》

①强力推进制造业融合发展。加快推进制造业与现代服务业融合发展,围绕研发设计、绿色低碳、现代供应链、人力资源服务、检验检测、品牌建设、融资租赁、电子商务等,大力发展生产性服务业。增加服务要素在制造业投入产出中的比重,从以加工组装为主向"制造+服务"转型,从单纯出售产品向出售"产品+服务"转变。加快推进互联网与制造业融合发展,建设一批智能工厂/数字化车间（仓储),培育100个省级智能制造示范企业。加快工业互联网基础设施建设,争取建设国家工业互联网顶级节点和中部数据交换中心。加大力度推进各类工业园区、经济开发区高带宽光纤网络接入,实现武汉市和重点市（州）主城区5G全覆盖。加快"楚天云"和工业云平台建设,实施"万企上云"工程。成立国家工业互联网产业湖北分联盟,培育10家具备较强实力、国内领先的工业互联网平台,培育10家左右能够提供整体系统解决方案、综合实力强的大型信息技术服务企业。加快推进军民融合发展,创新军民融合机制,深入实施军民融合创新、示范区创建、基础设施共建、产业融合发展、科技协同创新、服务平台构建等六大工程。

②强力推进工业绿色转型。贯彻"长江共抓大保护、不搞大开发"要求,加快传统制造业绿色化改造升级,提高资源能源利用效率和清洁生产水平,引导工业绿色转型。到2020年,绿色制造水平明显提升,传统制造业能耗、水耗、污染物排放强度显著下降,清洁生产水平进一步提高,绿色制造体系初步建立,打造和培育50家绿色示范工厂、5家绿色示范园区,绿色制造产业产值达到5000亿元。积极发展循环经济,加大工业园区循环化改造力度,完善园区水处理基础设施,推动磷石膏、冶炼渣、粉煤灰、酒糟等工业固体废物综合利用,鼓励有条件的地方推动水泥窑协同处置生活垃圾。依据法律法规和环保、质量、安全、能效等综合标准淘汰落后产能,化解过剩产能。实施工业能效提升计划,推进工业节能降耗、清洁生产,严格执行钢铁、电解铝、建材行业能耗限额标准,每年组织实施重点减排技改工程项目不少于

300 个、培育清洁示范企业 30 家。加快发展节能环保产业，推动节能环保装备制造业集群化发展，鼓励企业采用第三方服务模式，壮大节能环保产业。

③强力推进创新发展体系建设。建设创新发展的基础支撑体系，鼓励企业建立工程研究中心、技术创新中心、产品检测中心等研发技术机构，支持重点行业和企业建立院士工作站，建设面向企业生产一线的工业研究院等政产学研合作平台，提高创新发展的技术支撑能力。建设创新发展的现代产业体系，推进创新链、产业链、资金链、政策链、人才链"五链"融合，提高资源市场化配置能力和配置效率，形成有利于科技成果产业化的协同创新体系。建设科技成果转化体系，创新技术成果转化机制，加快发展技术市场，完善制造企业、科研院所、金融资本合作机制，促进技术创新与产业发展良性互动。

2.7 湖南省

2.7.1 《湖南省实施低碳发展五年行动方案（2016—2020 年)》

①构建低碳产业体系。推动传统产业节能与提高能效。重点是淘汰一批落后产能，严格执行新的能耗限额标准，严格控制高能耗、高排放产业低水平扩张和重复建设，全面推广节能减碳技术，提高工艺水平，全面推行清洁生产技术和清洁生产审核制度，整合资源优势，推动规模生产，减少资源和能源消耗。

培育战略性新兴产业。加快培育先进装备制造、新材料、文化创意、生物、新能源、信息、节能环保七大战略性新兴产业，推动战略性新兴产业规模扩张和集聚集群发展。

加快发展现代服务业。坚持专业化发展生产性服务业，品质化提升生活型服务业，积极适应新需求，开拓新服务，鼓励发展节能管理、环境污染第三方治理、碳核查、低碳发展咨询等服务新兴业态。

建设低碳农业生产体系。发展节水农业、循环农业、有机农业，推广生态养殖，大力发展标准化、规模化畜禽养殖，强化畜禽粪便资源化利用。

夯实低碳产业发展平台。合理规划、设计、建设一批低碳产业园区，大力整合完善产业链，调整产业结构和产品结构，提高园区能源、资源利用效率，力争成为低碳发展的重要切入点和着力点。打造低碳技术推广公共服务平台，为全省园区、企业低碳发展提供服务和支持。

②加强碳汇开发。开发森林碳汇。在长株潭生态绿心等生态区位重要和生态环境脆弱地区，选择符合碳汇造林条件的地块实施碳汇造林，增加森林面积，提升森林质量，使森林单位面积蓄积、森林植被总碳储量稳步提升。

增强湿地储碳能力。进一步加强已建湿地自然保护区、保护小区和湿地公园保护管理，争取1块升级为国际重要湿地，新建国家湿地公园试点5个、省级湿地公园10个，恢复湿地面积9.23万公顷，确保全省湿地面积不低于102万公顷，湿地保护率稳定在72.50%以上。

③强化技术支撑。加强低碳技术创新。实施低碳科技专项和重点行业低碳技术创新示范工程，以电力、钢铁、石化、化工、建材等行业和交通运输等领域为重点，加快低碳共性关键技术及成套装备研发生产，在能耗高、节能减排潜力大的地区，实施一批能源分质梯级利用、污染物防治和安全处置等综合示范科技研发项目。实施"四水一湖"水安全科技创新重大科技专项，突破有色、化工、印染、医药等行业源头控制及清洁生产关键技术瓶颈。鼓励建立以企业为主体、市场为导向、形式多样的产学研战略联盟，引导企业加大低碳技术研发投入。

加快低碳技术推广应用。实施"四个一"工程，即支持研究建立一套政府遴选和扶持低碳技术的政策措施、一支低碳技术创新引导基金、一个低碳技术交易服务平台、一个低碳产业专业孵化园。完善低碳技术遴选、评定及推广机制，以发布目录、召开推广会等方式向社会推广一批重点低碳技术及装备，完善政府采购两型产品制度，激发低碳技术创新活力。

2.7.2 《湖南省污染防治攻坚战三年行动计划（2018—2020年）》

①推进转型升级，加快形成绿色发展方式。

a. 促进产业结构调整。以供给侧结构性改革为主线，腾退化解旧动能，积极培育高质量发展新动能。以钢铁、有色、化工、造纸、建材等行业为重点，科学制定行业发展规划，坚决淘汰落后工艺和产能。促进传统产业转型升级，加快发展高新技术产业和战略性新兴产业，构建绿色产业体系。

b. 优化产业空间布局。坚持改造提升和退出搬迁并重，有序推进城市建成区内重污染企业退出。

c. 推进"散乱污"企业整治。

d. 优化调整能源结构。强化能源消费总量和强度"双控"考核。加快推进"气化湖南"工程和特高压直流输电工程建设，减少原煤消耗。

e. 推动交通运输结构调整。大力发展多式联运，推进公路运输逐步转向铁路、水路和航空运输。

f. 严控污染物排放增量。加大工业、生活、农业等重点领域减排力度，强化主要污染物减排。

②加大法规政策支持。

a. 完善地方性法规。推动加快出台《湖南省土壤污染防治条例》《湖南省环境保护条例（修订）》等地方性法规，支持各市州出台大气、水、土壤等重点领域污染治理以及自然生态保护法规，为推进污染防治工作提供法治保障。

b. 深化生态环境保护体制改革。

c. 加大财税支持力度。

d. 深化绿色金融。支持绿色信贷，健全绿色担保机制。引导银行业金融机构加大对大气、水、土壤污染防治项目的信贷支持，拓宽节能环保设施融资、租赁业务。推进环境保护领域信用体系建设，健全环保信用评价、信息强制性披露、环保黑名单管理等制度。

e. 推进社会化生态环境治理。

f. 鼓励公众参与。

③强化科技支撑。

a. 加强基础研究。提高环境治理水平，充分运用市场化手段，对涉及经济社会发展的重大生态环境问题开展对策研究，实施长株潭大气污染成因分析、洞庭湖总磷污染成因解析、湘江流域土壤污染迁移转化规律及其生态效应等一批重大研究课题，提出治理有效对策，确保科学施策、精准施策。组织编制大气污染物排放源清单，开展大气污染传输通道城市源解析工作。进一步强化环保标准体系建设，为节能减排和环境监管提供科学依据。建设湖南省生态环境大数据平台，深化物联网、大数据等技术在环境管理中的应用。

b. 推进科技创新。搭建生态环境保护科技创新平台，加强实用治理工艺研究，针对大气污染治理、污水和垃圾处理、畜禽养殖污染防治、农业废弃物综合利用、土壤环境保护和综合治理等技术基础薄弱的领域，研发、推广、应用一批低成本、效果好、易操作的污染防治技术和装备。围绕实施创新引领开放崛起战略，大力促进节能环保产业发展，形成一批骨干企业，引领企业开展科技创新和成果应用。鼓励地方加强创新，不断总结、提炼大气、水和土壤污染治理好的做法、模式，加强示范推广，全面提升生态环境治理科学化、制度化、规范化、精细化和系统化水平。

c. 加强对外合作。积极谋划与"一带一路"共建国家相关单位开展生态环保国际合作，加强国际环境政策研究，服务环境质量改善，强化区域合作机制，积极履行环境公约，主动参与全球环境治理。积极学习省外其他地方的先进治理经验，加强与港澳台环保交流合作，推动湘港澳台的环保产业合作，重点推进环保学术交流、重大环保科技研究与环保产业对接。

2.8 重庆市

2.8.1 《重庆市人民政府关于加快建立健全绿色低碳循环经济体系的实施意见》

①推进工业绿色升级。强化产业准入和落后产能退出，坚决遏制"两高"项目盲目发展。加快实施重点行业绿色化改造。推动再制造产业发展，积极开展再制造产品认证。加快建设资源综合利用项目，提升工业固体废物综合利用能力。全面推行清洁生产，依法在"双超双有高耗能"行业实施强制性清洁生产审核。深化"散乱污"企业整治。

②加快农业绿色发展。大力发展现代山地特色高效农业，鼓励发展生态种植、生态养殖。加强绿色食品、有机农产品认证和管理，发展生态循环农业。实施耕地"数量—质量—生态"三位一体保护与提升，推进退化耕地综

合合治理。发展林业循环经济，创建一批国家森林生态标志产品和生产基地。加快建设高标准农田，持续推进灌区节水改造，推广高效节水技术。完善禁渔管理长效机制，推行水产健康养殖，依法加强水域滩涂禁养区、限养区、养殖区管理。因地制宜发展休闲农业、乡村旅游、气候经济和山上经济、水中经济、林下经济。

③提高服务业绿色发展水平。培育壮大绿色商场、绿色饭店等绿色流通主体。有序发展出行、住宿等领域共享经济，规范发展闲置资源交易。加快信息服务业绿色转型，做好大中型数据中心、网络机房绿色建设和改造。制定绿色低碳会展地方标准，推广应用节能降耗新材料、新技术，鼓励办展设施循环利用。推动汽修、装修装饰等行业使用低挥发性有机物含量原辅材料。制定发布一次性用品目录，倡导酒店、餐饮等服务单位不主动提供一次性用品。

④壮大绿色环保产业。推动重庆经开区建设国家绿色产业示范基地。壮大绿色产业市场主体，鼓励设立混合所有制集团公司，培育一批引领型龙头企业、专业化骨干企业、"专精特新"中小企业，打造一批绿色产业集群。推广合同能源管理、合同节水管理等商业模式，鼓励公共机构推行能源托管服务。培育发展节能医生、环境管家、全过程绿色咨询等新业态。开展产业园区污染防治第三方治理示范试点，建立健全"污染者付费 + 第三方治理"机制。探索开展生态环境导向的开发模式（EOD 模式）试点。

⑤提升产业园区和产业集群循环化水平。科学编制新建产业园区开发建设规划，依法依规开展规划环境影响评价和区域节能评价，严格准入标准，完善循环产业链条，推动形成产业循环耦合。

⑥构建绿色供应链。引导龙头企业推动产业上下游协同提升资源利用效率，建立以资源节约、环境友好为导向的设计、采购、生产、营销、回收及物流体系，推动产品全生命周期管理，实现链上企业绿色化发展目标。在汽车、电子电器、通信、机械、大型成套装备等行业中选择一批代表性强、行业影响力大、经营实力雄厚、管理水平高的龙头企业，推动绿色供应链管理企业建设，积极申报国家绿色供应链试点。

⑦加快基础设施绿色升级。推动能源体系绿色低碳转型。坚持节能优先，严格落实能源消费总量和强度双控制度。

2.8.2　《重庆两江新区国民经济和社会发展第十四个五年规划和二〇三五年远景目标纲要》

把碳达峰碳中和纳入生态文明建设整体布局，以经济社会发展全面绿色转型为引领，以能源绿色低碳发展为关键，加快形成节约资源和保护环境的产业结构、生产方式、生活方式、空间格局，坚定不移走生态优先、绿色低碳的高质量发展道路。

①加快构建清洁低碳安全高效的能源体系，控制化石能源总量，构建以新能源为主体的新型电力系统。

②实施重点行业领域减污降碳行动，强化制造业全生命周期绿色管理，打造一批绿色工厂、绿色园区，探索生态产业化、产业生态化路子，推动经济社会绿色转型发展。

③构建绿色交通体系，推广新能源汽车，形成绿色低碳运输方式。实施政府绿色采购，倡导绿色办公，倡导绿色低碳生活，反对奢侈浪费，鼓励引导居民绿色低碳出行，推进"光盘行动"，全面推广生活垃圾分类，培育绿色消费文化，营造绿色低碳生活新时尚。

④加快推广应用减污降碳技术，强化国土空间规划和用途管控，有效发挥生态系统固碳作用，提升生态系统碳汇增量。

⑤大力推动气候金融试点，推动开展气候投融资工作，探索构建气候金融标准体系，建立气候金融综合信息平台，开发气候金融产品。

2.9　云南省

2.9.1　《云南省煤炭产业高质量发展三年行动计划（2019—2021年）》

①淘汰煤炭落后产能。坚持市场化、法治化手段推动煤炭行业淘汰落后产能，一是按照"严格安全、环保、能耗、水耗等强制性标准"关闭一批、实施产能置换退出一批、采取改造升级提升一批、保障供给保留一批的方式，有序引导产能30万吨/年以下小煤矿2021年年底前全部关闭退出。二是2020

年年底前将与"三区"重叠区域划为禁采区不准开采，对矿业权设置在前、开采范围与"三区"重叠的煤矿，2020年年底前关闭退出。对位于其他各类保护区禁止开采范围内的煤矿，按照规定时限及时关闭退出。三是加强煤炭产能置换指交易服务工作，鼓励先进产能淘汰落后产能，引导落后产能煤炭企业纳入去产能范围并采取指标交易方式参与产能置换。

②推进煤炭产业绿色发展。一是不断提升煤炭洗选加工水平。到2021年，原则上原煤入选率达到80%；有序开展煤炭加工转化为清洁能源产品项目示范工作，规划设褐煤提质工艺及成套设备项目1~2个。二是提升煤矿瓦斯抽采利用水平。建成22个低浓度瓦斯发电项目，煤矿瓦斯抽采利用率达52%左右。三是鼓励提高资源综合开发利用水平。到2021年，矿井工作面回采率达到国家规定标准，煤矸石综合利用率达78%左右，矿井水利用率达82%左右，土地复垦率达60%左右；加快环境敏感区煤矿退出，完善和落实煤矿退出后的环境整治责任机制。四是优化煤炭消费结构。进一步调整优化煤炭消费结构，全省煤炭消费总量控制在8500万吨以内。

2.9.2 《云南省国民经济和社会发展第十四个五年规划和二〇三五年远景目标纲要》

①培育绿色低碳发展新动能。全面推行清洁生产，推进传统行业和重点产业领域绿色化改造，持续开展工业企业能效"领跑者"创建。加强生态文明科技创新，支持绿色技术创新和应用，发展生态利用型、循环高效型、低碳清洁型产业，大力发展循环经济，培育绿色发展新动能。加快构建废旧物资循环利用体系，发展静脉产业和再生资源产业。大力发展节能环保产业，培植新的经济增长点。发展绿色建筑，鼓励使用绿色建材、新型墙体材料。支持新能源和可再生能源开发，推动能源低碳安全高效利用。进一步加大新能源汽车推广使用力度。持续推进普洱市建设国家绿色经济试验示范区，积极推广创建经验。支持大理创建国家级洱海保护绿色发展示范区。

②大力推进绿色生活。建设节约型机关，深入开展绿色家庭、绿色学校、绿色社区、绿色商场、绿色酒店等绿色生活创建行动，广泛宣传简约适度的生活理念，积极倡导绿色低碳的生活方式，营造全社会崇尚、践行绿色新发

展理念的良好氛围。鼓励绿色出行，引导公众选择公共交通工具出行。促进绿色消费，鼓励消费者购买和使用高效节能节水节材产品，推动生产者简化产品包装，避免过度包装造成资源浪费和环境污染。坚决制止餐饮浪费行为。持续深入开展生态文明系列创建活动，不断提高全省生态文明建设水平。

③积极削减碳排放和增加碳汇。优化产业、能源、交通运输结构，推进减排降碳。加快产业结构调整，淘汰落后产能，积极支持推动构建科技含量高、能源资源消耗低、环境污染少的绿色产业发展。实施烟煤替代，提升电能在终端用能比例，推动重点行业节能低碳改造，进一步降低煤炭消费比重，提高企业能源利用效率。加强绿色供应链管理，调整优化货物运输结构，推动大宗货物"公转铁"，增加集装箱多式联运比重。推进低碳产品认证，加强商业、建筑与公共机构等领域节能减排降碳。采取一切有效措施，降低碳排放强度，控制温室气体排放，增加森林和生态系统碳汇。积极参与全国碳排放交易市场建设，科学谋划碳排放达峰和碳中和行动。

④健全绿色低碳发展支撑体系。全面落实国家支持节能环保产业和低碳发展的一系列优惠政策。完善促进绿色发展的价格形成机制，深化水资源价格改革，推进电价市场化改革，健全完善污水垃圾处置收费机制，强化绿色发展的法规和政策保障。发展绿色金融，加快构建绿色金融体系，引导金融和实体经济开展绿色投融资活动。深化环保投融资体制改革，探索环保治理投融资新形态，大力推进环境污染第三方治理，积极引导社会资本投入污染防治和绿色低碳发展。支持和推进绿色发展科技创新，加强绿色发展领域人才队伍建设。

2.10 贵州省

2.10.1 《省人民政府关于加快发展新经济培育新动能的意见》

①加快发展以生态利用型、循环高效型、低碳清洁型、环境治理型为核心的大生态产业。

a. 加快发展生态利用型产业。推进农业生产生态化，打造一批规模化、标准化、产业化"种养 + 循环农业"基地，加强农产品品种、品质、品牌建设，推进农产品生产规模化、质量标准化、营销网络化发展，建设无公害绿色有机农产品大省。

b. 加快发展循环高效型产业。加快发展原材料精深加工产业、绿色轻工产业、再生资源产业，开发绿色、智能、健康的多功能中高端轻工产品，推进废弃电子产品、报废汽车、生活垃圾等资源化利用和无害化处理，开发利用"城市矿产"，构建扁平化、高效率、信息化的再生资源回收利用网络，促进再生资源规模化集聚和加工利用。

c. 加快发展低碳清洁型产业。重点发展新型建筑建材业，积极研发推广节能低碳建造工艺、技术，开发生产绿色建材产品和绿色装饰材料，发展新型墙体材料。

d. 加快发展环境治理型产业。加快建设中节能（贵安新区）环保产业园等项目，加强节能环保装备、配套材料等研发、制造和产业化，大力发展节能环保装备制造业，重点发展污水垃圾处理、大气污染防治、污泥处置、高效膜材料、建筑垃圾回收破碎等节能环保技术装备。

②积极发展安全清洁高效的页岩气等新能源产业。

a. 积极推进页岩气、煤层气等勘查开发利用。加快习水—正安—岑巩页岩气勘查开发示范项目建设，推进遵义、铜仁、六盘水、黔东南等地页岩气开发，打造黔北、黔东北页岩气开发基地，推进页岩气产业集群发展，建设全国页岩气开发利用综合示范区。加快盘江矿区、织纳矿区及黔北矿区煤层气勘查开发示范项目建设，推进六盘水、毕节、黔西南、遵义等地煤层气开发。

b. 积极发展风能、太阳能、生物质能、地热能。有序发展光伏发电、风能发电、垃圾发电、生物质发电，建设毕节、六盘水、黔西南等光伏发电基地和毕节、六盘水、黔南、黔西南等风电基地。大力推进地热能源的勘查与合理开发利用，开发贵阳、安顺、遵义等地浅层地温能，开展中深层地热能资源勘查。

③大力发展以绿色金融、科技金融、互联网金融等为重点的现代金融业。

a. 大力发展绿色金融。鼓励发展绿色债券、绿色证券、绿色保险、环保基金等创新型金融产品，推动贵安新区西部绿色金融港和贵州绿色金融交易中心建设，支持贵安新区创建国家绿色金融创新试验区。

b. 加快发展科技金融。完善全省科技金融服务平台，支持科技银行、保险、担保、资产评估与交易等机构发展，探索设立发展种子基金和科技孵化基金，为高新技术产业、战略性新兴产业和双创企业发展提供金融支撑。

c. 积极培育互联网金融。鼓励互联网与银行、证券、保险、基金融合创新，开展大数据金融产品和服务创新，加快贵阳互联网金融产业园和互联网金融创业创新示范基地建设，推动贵州互联网金融资产交易中心规范发展。

d. 大力发展金融机构。加快实施地方金融机构"五个全覆盖"工程，推动金融机构"十延伸"和金融产品"十服务"。推动组建民营银行、资产管理、消费金融、金融保理等金融机构。鼓励境内外金融机构在我省设立区域总部、分支机构，引导设立财务公司。支持省级金融控股、保险、担保和投融资等企业加快发展。

2.10.2 《省人民政府关于支持黔南自治州加快推进绿色发展建设生态之州的意见》

①支持黔南自治州构建绿色产业体系，加快发展现代山地特色高效农业。支持黔南自治州推进农业产业结构调整。省级财政从2018年至2020年每年安排农业专项资金给予支持。大力发展产出高效、产品安全、资源节约、环境友好的现代山地特色高效农业，增加绿色、有机、安全农产品供给，实现茶园、刺梨、精品水果、蔬菜、中药材、青梅等产业的提质扩面增效，推动形成茶叶、刺梨、水果三大产业跨区域全产业链。支持黔南自治州申报国家农业公园、农村田园综合体、休闲农业精品园区。

②指导黔南自治州聚焦农业农村、生态环保短板，做好新增债券项目遴选和需求报送，帮助推动农村产业融合发展。在项目融资渠道等方面给予长顺县等地重点倾斜，帮助加快推动农村产业融合发展。

③加快产业转型升级。支持黔南自治州优先发展节能环保等战略性新兴产业。按照园区产业"横向耦合、纵向延伸、循环链接"的原则，培育多行业复合共生的产业集群，对具有竞争优势和市场潜力的高技术产业、现代服

务业、先进制造业给予优先安排。支持黔南自治州推动龙里县循环经济示范县、福泉市国家资源综合利用"双百工程"产业废物综合利用示范基地、独山县电子工业园等项目建设。

④支持黔南自治州对化工、冶金等传统产业进行绿色化改造，推进粉煤灰、磷石膏、建筑垃圾等大宗废弃物综合利用，加快传统产业改造升级，促使资源开发由粗放低效型向节约高效型转变。

2.11 四川省

2.11.1 《四川省绿色金融发展规划》

①大力发展绿色信贷。a. 完善绿色信贷治理体系。b. 完善绿色信贷管理机制。c. 实行差异化信贷政策。d. 推动绿色融资产品和服务创新。e. 防范环境和社会风险。f. 强化信息披露。

②推动证券市场支持绿色投资。a. 支持绿色企业上市融资与再融资。b. 支持符合条件的机构和企业发行绿色债券和相关产品。c. 积极开发绿色投资产品。d. 探索实施绿色项目评估。

③设立绿色发展基金。a. 推动设立绿色发展基金和碳基金。b. 鼓励多元化融资方式支持绿色产业发展。

④积极发展绿色保险。a. 健全绿色保险相关政策。b. 支持开发绿色保险产品和服务创新。c. 推动保险机构参与环境风险治理体系建设。

⑤丰富环境权益融资工具。a. 加快建设西部碳交易中心。b. 深入开展用能权有偿使用和交易试点。c. 积极开展绿色电力证书交易。d. 加快推进排污权交易市场建设。e. 加快推进水权交易市场建设。f. 积极发展各类碳金融产品。

⑥推进市（州）绿色金融发展。a. 积极推动各市（州）开展绿色金融示范区建设。b. 建立完善联动机制。

⑦推动开展绿色金融国际合作。a. 积极扩大开放合作。b. 推动跨国绿色债券和绿色发展基金发展。c. 鼓励开展跨国绿色保险风险管理。

⑧完善绿色金融发展配套机制。a. 搭建信息共享平台。b. 推进绿色企业

信用体系建设。c. 建立风险分担和补偿机制。d. 加大对金融机构的正向激励力度。e. 强化绿色金融人才建设。f. 积极开展宣传推广。

2.11.2 《四川省人民政府办公厅关于优化区域产业布局的指导意见》

①支撑"5+1"产业加快发展。落实主体功能区规划，引导各地加快产业布局调整优化，强化区域间产业协同合作，发展壮大电子信息、装备制造、食品饮料、先进材料、能源化工5个万亿级支柱产业，重点培育新能源汽车、节能环保、生物医药、轨道交通、动力及储能电池等具有核心竞争力的新兴产业，大力发展大数据、人工智能、第五代移动通信等数字产业，构建特色鲜明、布局集中、配套完善的现代产业体系。

②推动产业集聚集群发展。依托国家级园区、省级园区、国家新型工业化示范基地，着力打造新一代信息技术、高端装备制造、优质白酒、钒钛新材料四大世界级产业集群，培育国内领先的集成电路、新型显示、信息安全、航空航天、清洁发电设备、新能源汽车、节能环保、轨道交通、生物医药、绿色食品等产业集群，打造成都、绵阳、德阳、宜宾、泸州、内江、眉山、雅安等大数据产业聚集区。

③促进特色优势产业加快发展。立足军工、农业和清洁能源等优势，发展特色优势产业。支持核能装备与核技术应用、航空整机、航空发动机、航天及卫星应用、军工电子装备、信息安全、集成电路、高端材料、大数据及人工智能、无人机等优势领域军民融合深度发展，创建国家军民融合创新示范区；支持发展各具特色的农产品加工业，优先发展名优白酒、肉食品、粮油、纺织服装、烟草、茶叶、中药材等千亿级产业，高水平建设一批农产品加工园区；支持能源富集地区加快发展绿色载能产业，建设水电消纳产业示范区。

④推动产业绿色发展。深入贯彻落实习近平总书记关于长江经济带发展系列重要讲话精神，坚持生态优先、绿色发展理念，严守生态保护红线、环境质量底线、资源利用上线和生态环境准入清单；加快推进长江干流和主要支流产业布局优化，严禁在长江干流及主要支流岸线1公里范围内新建布局重化工园区，严控新建石油化工、煤化工、涉磷、造纸、印染、制革等项目；

积极稳妥腾退化解落后过剩产能，认真落实化工污染整治任务，大力发展绿色低碳循环经济，加快传统产业转型发展、绿色发展。

2.11.3 《中共四川省委关于以实现碳达峰碳中和目标为引领推动绿色低碳优势产业高质量发展的决定》

总体要求：

①"双碳"引领、做强优势。贯彻落实《中共中央、国务院关于完整准确全面贯彻新发展理念做好碳达峰碳中和工作的意见》精神，科学处理发展和减排、整体和局部、短期和中长期的关系，一手抓减污降碳协同增效，一手抓绿色低碳产业发展，推动清洁能源生产、支撑、应用全链条优势重塑和价值跃升，培育形成资源消耗少、环境影响小、科技含量高、产出效益好、发展可持续的绿色低碳优势产业集群。

②科技创新、数字赋能。深入实施创新驱动发展战略，坚持自主创新和技术引进相结合，围绕产业链部署创新链，加快构建绿色低碳优势产业发展技术创新体系，着力突破关键共性和前沿引领技术，提升清洁能源综合开发利用科技水平，推动绿色低碳优势产业数字化、网络化、智能化发展，增强产业链供应链稳定性和核心竞争力。

③龙头带动、集聚发展。以成渝地区双城经济圈建设和"一干多支"发展战略为牵引，完善区域产业政策体系，发挥龙头企业支撑带动作用，统筹布局能源链供需侧、产业链上下游、供应链前后端，构建分工合理、配套完备、保障有力的产业生态圈，加快形成集中布局、集群成链、集约高效的绿色低碳优势产业发展格局。

④政府引导、市场主导。坚持政府和市场两手发力，强化规划引领，优化政策供给，完善基础设施，树立底线思维、注重风险防范，营造良好的法治环境、政务环境和市场环境，进一步发挥企业主体作用和各类市场交易机制作用，加快建立统一开放、竞争有序的市场体系，充分激发绿色低碳优势产业发展的内生动力。

发展目标：

坚持国家所需和四川所能相结合，统筹当前和长远发展，着力打造在全国大局中有影响力、对四川发展有支撑力的绿色低碳优势产业集群，加快把四川建设成为全国重要的先进绿色低碳技术创新策源地、绿色低碳优势产业集中承载区、实现碳达峰碳中和目标战略支撑区、人与自然和谐共生绿色发展先行区。

到 2025 年，绿色低碳优势产业规模能级持续提升，清洁能源电力装机容量达到 1.3 亿千瓦，天然气（页岩气）年产量达到 630 亿立方米，清洁能源消费比重达 60% 左右，绿色低碳优势产业营业收入占规模以上工业比重达 20% 左右，绿色低碳优势产业体系基本形成，为实现碳达峰、碳中和奠定坚实基础。到 2030 年，绿色低碳优势产业保持全国领先水平，清洁能源消费比重达 66% 左右，绿色低碳优势产业营业收入占规模以上工业比重达 25% 左右，经济社会发展全面绿色转型取得显著成效，确保实现碳达峰。到 2035 年，绿色低碳优势产业国际影响力显著增强，清洁能源消费比重达 70% 左右，绿色低碳优势产业营业收入占规模以上工业比重达 30% 左右，为全国建立绿色低碳循环发展的经济体系和清洁低碳安全高效的能源体系作出更大贡献，朝着实现碳中和目标稳步迈进。

该决定提出，加快把四川建设成为全国重要的先进绿色低碳技术创新策源地、绿色低碳优势产业集中承载区、实现碳达峰碳中和目标战略支撑区、人与自然和谐共生绿色发展先行区，针对清洁能源生产、消费和产业发展规模明确了具体目标，坚定以碳达峰碳中和目标引领绿色低碳优势产业发展、做优做强清洁能源产业、发展壮大清洁能源支撑产业、加快发展清洁能源应用产业、强化绿色低碳优势产业发展科技创新、推动绿色低碳优势产业适度集中集聚发展、营造支持绿色低碳优势产业发展的良好环境。

2.11.4 《宜宾市节能减排综合工作方案（2017—2020 年)》

①推动传统产业转型升级。深入实施《宜宾制造 2025》，深化制造业与互联网融合发展，促进制造业高端化、智能化、绿色化、服务化，大力推进生产设备数字化自动化、制造过程智能化、制造体系网络化。积极构建绿色制造体系，实施绿色制造系统集成项目，促进全产业链以及产品全生命周期绿色发展，创建一批国家级、省级和市级绿色工厂、绿色园区，打造一批具

有较强资金、技术实力的绿色制造服务机构，培育一批具有自主知识产权和一定市场占有率的绿色产品。强化工业基础领域创新和配套能力，提升制造业自主配套水平。全面推行生态化、清洁化、低碳化、循环化、集约化生产方式，加快化工、造纸、食品、机械等传统产业技术改造，全面提高产品技术、工艺装备、能效环保等水平。

②加快发展绿色低碳产业。实施"双轮驱动"战略，在巩固提升名优白酒、综合能源、化工轻纺建材等传统优势产业的基础上，加快培育发展轨道交通、新能源汽车、智能制造、通用航空、新材料、页岩气、节能环保等新兴产业；培育发展宜宾临港等节能环保特色产业园区；推动企业、园区燃气冷热电联产、生物质能等各类分布式能源发展，形成多能互补的开发格局；鼓励发展节能环保技术咨询、系统设计、运营管理、计量检测、产品认证等生产性服务业；大力发展科技教育事业，加快建设宜宾大学城和科技创新城；着力创新行政管理体制，加快建设川南区域中心大城市；着力解决旅游业发展方式粗放、品位不高、管理水平较低等问题，着力打造长江上游国际生态文化旅游目的地。实施"十大绿色行动计划"，建设绿色城市。

③调整优化能源结构。加快发展清洁能源产业，积极配合创建国家清洁能源示范省。坚持能源清洁低碳发展方向，加快能源结构调整，增强清洁能源供应保障能力。科学有序推进新能源开发，因地制宜、合理发展分布式能源。严格控制煤电规模，扩大天然气应用范围。大幅降低煤炭消费比重，大力推动煤炭清洁生产利用。积极推进电能替代和天然气替代，继续推进煤电超低排放和节能改造，鼓励企业对余热、余压、余气等资源进行综合利用。创新清洁能源建设管理机制，加强流域水电综合管理，积极推进电力、油气等体制改革，扩大直购电、直供气等试点范围，有效消纳富余水电和留存电量，促进就地就近转化利用。

④深入推进工业领域节能。实施工业能效赶超行动，加强高能耗行业能耗管控，在重点耗能行业全面推行能效对标，推进工业企业能源管控中心建设，推广工业智能化用能监测和诊断技术。开展园区循环化改造，推动园区能源梯级利用。推进新一代信息技术与制造技术融合发展，提升工业生产效

率和能耗效率。开展工业领域电力需求侧管理专项行动，推动可再生能源在工业园区的应用，将可再生能源占比指标纳入工业园区考核体系。深入开展重点企业节能低碳行动、重点行业能效领跑者行动。深入推进工业领域节水，强化工业园区单位工业增加值用水量下降幅度指标考核。

⑤主要大气污染物减排重点工程。实施燃煤电厂超低排放改造，对现役30万千瓦及以上燃煤发电厂实施超低排放改造，改造后大气污染物排放接近燃气轮机机组排放限值。推动秸秆综合利用，强化秸秆禁烧。实施电力、水泥、平板玻璃等重点行业全面达标排放治理工程。

⑥循环经济重点工程。开展园区循环化改造专项行动，配合推进"城市矿产"示范基地建设，加快餐厨废弃物资源化利用和无害化处理，实施全域秸秆综合利用试点示范，推进资源循环利用产业示范基地建设、工农复合型循环经济示范区建设和固体废弃物协同处理、再生产品和再制造产品推广等专项行动。

⑦加大绿色标识认证实施力度。落实能效标识管理制度，扩大终端用能产品能效标识实施范围。开展能效、水效、环保领跑者引领行动。推行节能低碳环保产品认证。开展绿色建筑、绿色建材标识和认证，建立可追溯的绿色建材评价和信息管理系统。推进能源管理体系认证。开展绿色商场、绿色旅游饭店、绿色景区等绿色服务认证评价。加强绿色产品认证，强化国家绿色产品标准实施。建立绿色产品认证专家队伍和执法队伍。开展低碳产品认证试点，制定低碳产品评价技术规范和认证实施规则。扶持和培育优质绿色产品品牌创建，积极支持、扶持优质绿色产品申报四川质量奖和四川名牌。

2.11.5　《宜宾市国民经济和社会发展第十四个五年规划和二〇三五年远景目标纲要》

①加快推进绿色低碳发展。进一步拓宽绿水青山就是金山银山转化通道，全力推进产业生态化、生态产业化，强化资源高效利用，促进经济社会发展全面绿色转型，争创全国绿色发展示范区。

②推进产业绿色发展。严格执行项目节能审查、规划和项目环境影响评

价制度，严控高耗能、高污染行业增长，禁止在长江干流、主要支流岸线一公里范围内新建、扩建化工园区和化工项目。加快白酒、食品、能源、化工、石材等产业绿色化改造和提质增效，构建绿色制造体系，推动工业经济绿色转型。推进园区绿色化改造，积极发展节能环保产业，支持临港经开区创建国家绿色产业示范基地。健全绿色生产消费法规政策体系，大力发展绿色供应链，构建市场导向的绿色技术创新体系，推行产品全生命周期绿色管理，实现全产业链、全价值链的绿色化发展。建立健全高碳产业市场准入清单，探索开展碳捕捉和封存试点，支持三江新区等具备条件地区打造近零碳排放示范区。

③促进资源节约循环利用。强化能耗总量和强度"双控"制度，实施全民节能行动，加快节约型社会建设。完善低效利用土地退出机制，强化土地利用的规划管控、市场调节、标准控制和考核监管。强化水资源开发利用、用水效率和水功能区限制纳污等"三条红线"约束，全面推进农业、工业、居民生活节水。加强采煤沉陷区综合治理，提高矿产资源开采回采率和综合利用率。加强固体废物分类处置和资源化利用，加快建设宜宾资源循环利用基地。完成省级以上园区循环化改造，加强工业"三废"、余热余压和农业废弃物资源综合利用。鼓励使用再制造产品，促进生产系统和生活系统循环链接。

④开展绿色生活示范创建。依托节能宣传周、全国低碳日、世界环境日、地球日等开展绿色低碳主题活动，加强绿色生活方式宣传引导。加快实施"电动宜宾"工程，推动中心城区公交车、出租车电动化，发展多种形式的公共交通，构建绿色交通体系。开展节约型机关、绿色家庭、绿色社区、绿色商场、绿色建筑等创建行动，使绿色发展成为全社会的共同追求和自觉行动。倡导勤俭节约的消费观，深入推进"光盘行动"，有效制止餐饮浪费行为。完善城乡生活垃圾一体化收集运输处理体系，推行生活垃圾分类、促进塑料源头减量。严格落实绿色产品检验认证标准，推广环境标志产品、有机产品等绿色产品。

⑤深入实施"产业发展双轮驱动"战略，延链补链强链，打造产业集群，

壮大市场主体，建强产业园区，深化与成渝双核的产业错位协同、互补配套，创建国家产业转型升级示范区、制造业高质量发展国家级示范区，打造世界级产业集群和特色产业基地，推动宜宾由工业大市向工业强市跨越。

⑥打造"5＋1"千亿级产业集群。做大做强新能源及智能汽车产业、智能终端产业、高端装备制造产业、新材料及精细化工产业、医疗器械产业、白酒食品产业。

2.11.6　《中共宜宾市委关于深入学习贯彻省委十一届十次全会精神服务碳达峰碳中和目标推动绿色低碳优势产业高质量发展的决定》

绿色低碳发展是当今时代科技革命和产业变革的鲜明特征，是推动经济社会高质量发展的内在要求。要聚焦服务碳达峰、碳中和目标，以经济社会发展全面绿色转型为引领，以生态优先、绿色发展为路径，以推动绿色低碳优势产业高质量发展为支撑，高质量建设清洁能源生产和应用产业基地，建成长江经济带绿色低碳产业发展示范区。

①要做大做强动力电池产业，优化动力电池产业空间布局，打造具有世界影响力的动力电池产业基地和核心配套生产基地、科技研发基地、人才培养基地、营销总部基地，高标准建设"动力电池之都"。

②要做大做强新能源汽车产业，加大知名新能源汽车整车企业引进力度，大力发展核心零部件制造产业，建设具有全国影响力的以新能源及智能汽车为主的汽车制造基地。

③要做大做强电子信息产业，大力发展智能终端产业，加快发展大数据产业。

④要做大做强清洁能源产业，规模化开发利用天然气（页岩气），有序开发多类型清洁能源。

⑤要做大做强绿色高端装备制造产业，加快发展轨道交通产业，大力发展高端装备和清洁能源装备。

⑥要扎实推进传统优势产业绿色低碳发展，持续提升白酒产业绿色低碳发展水平，不断推动竹产业提质增效，加快推动茶产业转型升级。

⑦要深化重点领域改革与开放合作，深化体制机制改革，主动融入成渝

地区双城经济圈绿色低碳产业协同发展。

⑧要加快优势产业绿色发展集聚发展，推动园区集约发展，支持优势企业绿色转型。

⑨要强化科技人才支撑，加大科技研发力度，打造人才培养高地。

⑩要加大要素支持力度，强化绿色金融支持和发展政策支持。

⑪要加强组织领导和督查考核，形成推动绿色低碳优势产业高质量发展的强大合力。